# 新课程教师必读丛书

程 亮　刘耀明　杨海燕　编著

"国家哲学社会科学重大招标课题'创新人才与教育创新研究'子课题'教育理论创新与中小学教育创新实施'研究成果"

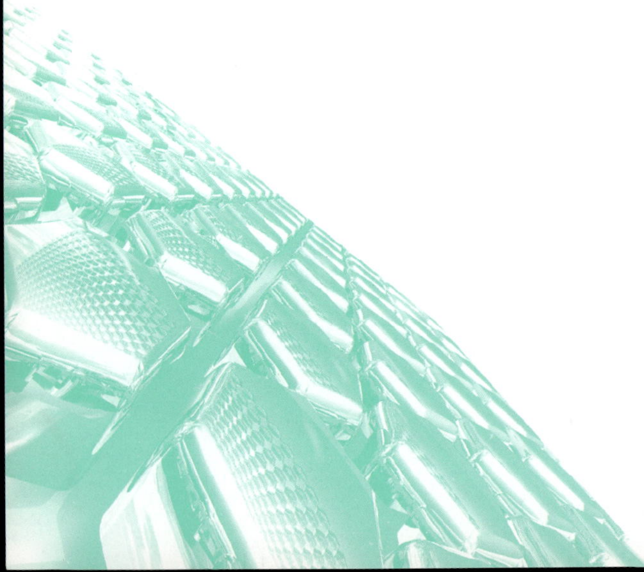

主编／郑金洲

新课程课堂教学探索系列

# 对话教学

福建教育出版社

图书在版编目（CIP）数据

对话教学/郑金洲主编. —福州：福建教育出版社，2005.1（2007.2重印）
（新课程课堂教学探索系列）
ISBN 978-7-5334-4072-5

Ⅰ. 对… Ⅱ. 郑… Ⅲ. 课堂教学—教学研究—中小学 Ⅳ. G632.421

中国版本图书馆 CIP 数据核字（2005）第 003613 号

新课程教师必读丛书
新课程课堂教学探索系列
对 话 教 学
主编：郑金洲
编著：程 亮 刘耀明 杨海燕

| 出版发行 | 福建教育出版社 |
|---|---|
|  | （福州梦山路 27 号 邮编：350001 电话：0591-83726971 83725592 传真：83726980 网址：www.fep.com.cn） |
| 印 刷 | 福州华彩印务有限公司 |
|  | （福州新店南平路鼓楼工业小区 邮编：350012） |
| 开 本 | 787 毫米×960 毫米 1/16 |
| 印 张 | 11.25 |
| 字 数 | 179 千 |
| 插 页 | 2 |
| 版 次 | 2007 年 2 月第 2 版 |
|  | 2007 年 2 月第 1 次印刷 |
| 印 数 | 5 101—8 000 |
| 书 号 | ISBN 978-7-5334-4072-5 |
| 定 价 | 15.50 元 |

如发现本书印装质量问题，影响阅读，
请向出版科（电话：0591-83786692）调换。

# 总 序

新课程改革已随着一系列课程标准的颁定和教材的编写走进学校的日常生活，正在越来越多地规范着教师的教学行为，限定着学生的学习行为，重构着校长的管理行为。新课程正成为学校新的实践坐标。但在推进新课程当中，教师也面临着一些新的难题，比如，如何把新课程理念转化为具体的课堂教学实践，什么样的教学形式才是符合新课程需要的。换句话说，新课程所需要的新课堂是怎样的，新教学有着哪样一些表现形式。这些影响新课程改革的关键性甚至瓶颈性问题，如果不及时予以解决和回答，新课程就难以切实转化为学校的实际行动，转化为教师的教学实践。

聚焦课堂，或者说决战课堂，既要思考新课程所要构建的新课堂理念，更为重要的是要认识新课堂的教学形态，掌握这些新教学形态的操作步骤，把握实施新教学的相关注意事项，让教师既知道这些教学是什么，又知道这些教学如何教。这套丛书选择的《对话教学》、《互动教学》、《生成教学》、《自主学习》、《合作学习》、《探究学习》、《问题教学》、《参与教学》、《体验教学》、《开放教学》，在一定程度上都是新课程背景下逐渐凸显的新教学形态，也是课堂文化重新建构的核心。

这10种教学形态有着各种各样的区别，在理论基础、操作步骤、教师素质要求、学生学习行为指导等方面不尽相同，但具有着一些共同性的特点：即都是指向学生发展的，是立足于学生全面发展、全体发展、主动发展、个性发展和终身发展，充分体现新课程重过程、重体验、重探究的基本理念的。这些教学形式的实施，使课堂不再呈现沉闷的、乏味的知识授受状态，而是在充分调动学生学习积极性的同时，从根本上焕发课堂的生命活力。可以说，它们各自独立存在，同时又互相联系，构成新课程背景下新教学的整体图景。

"还学于生"，是新课程的一大特点，是使得课程、课堂回归学生本体的重要改革举措。在把学习的权利交给学生的基础上，教师如何做到教学重心下移，应具备怎样的技能和素质，在自身角色上逐渐实现哪些变化。教师面对这些问题的挑战时，常会有"本领恐慌"的感觉。怎样克服"本领恐慌"，我想大概无外乎两种选择，一种是依然故我，用旧经验、旧技能应对新问题，用对学生的强制性管理和训练掩盖因本领不够带来的困惑、焦虑；一种是锐意进取，用开放的心态学习新知识、新技能，在实践探索与研究积累中形成新本领。对于每一个真正投身于新课程教学的教师来说，第一种选择显然是不明智的，也是难以为继的，第二种选择则是理智的，是符合自身专业发展需求与学生成长发展需要的。我们希望，这套丛书能成为教师超越"本领恐慌"、实现与学生结伴成长共同发展的桥梁。

基于对中小学教师实际操作以及阅读习惯的认识，这套丛书不以纯粹的说理为价值取向，不以理论上的精深探索为研究追求，而是注重案例与分析相结合，试图通过大量的来自于教师实践生活的鲜活的案例来说明问题，为教师提供操作的参照。但即使如此，教师也不要指望在各书中找到直截了当的操作方法，找到自己面临疑难的灵丹妙药，教育教学情景的复杂性、具体性、个别性也注定不存在这样的万应灵药。教师在阅读时要注意结合自身的实际来思考问题，要看着书中的论述，悟着新课程的主张，想着自己的实践。做到这点，大概这套丛书才能真正发挥实际效用。

近年来我一直关注课堂教学问题，零零星星也发表了一些不成熟的论著，但我总觉得越是研究越自知研究的不够，越是思考越自知思考的不深。小小课堂凝聚着太多的智慧，每一个教学行为、每一个教学环节都承载着太过复杂的因素，其中蕴涵的问题常让我苦思而不得其解，感谓：在课堂教学问题上，有多少知识都不够用，有多少能力都不够强，有多少本事都不够大。

这套丛书能够问世，要感谢福建教育出版社副总编黄旭先生，他的鞭策与鼓励促成了丛书的成型；感谢丛书各册编辑的精心加工，他们的精雕细琢，提升了丛书的质量；感谢各册作者，他们对实践的求索，使得丛书更加贴近了教师的实际。

认识了课堂，才算真正理解了教育；改变了课堂，才算真正落实了新课程！

**郑金洲**
于华东师范大学基础教育改革与发展研究所
2005 年 1 月

# 目 录

一、对话教学概述 ……………………………………（1）
　（一）对话教学产生的背景 ……………………（1）
　（二）对话、教学对话与对话教学 ……………（13）
　（三）对话教学的特征 …………………………（26）
　（四）对话教学的类型 …………………………（33）
　（五）对话教学的意义 …………………………（38）

二、对话教学的理论渊源 …………………………（43）
　（一）弗莱雷的对话教育理论 …………………（43）
　（二）布伯的对话教学思想 ……………………（49）
　（三）巴赫金的对话理论及对教学的意义 ……（55）

三、对话教学的实施条件 …………………………（61）
　（一）选择适当的教学内容 ……………………（62）
　（二）形成和谐的心理氛围 ……………………（72）
　（三）建立对话教学规则 ………………………（81）
　（四）寻求学校制度的支持 ……………………（87）

四、对话教学的实施过程 …………………………（97）
　（一）确定对话教学的目标 ……………………（101）
　（二）筛选对话教学的主题 ……………………（109）
　（三）创设对话教学的情境 ……………………（117）
　（四）激发学生参与对话 ………………………（122）
　（五）在对话中建构知识 ………………………（137）

五、对话教学的评价 ………………………………（149）
　（一）什么是对话教学评价 ……………………（149）

（二）对话教学评价的内容……………………………（157）
（三）对话教学评价的实施……………………………（164）
**后　记**……………………………………………………（175）

# 一、对话教学概述

在现代生活中,"对话"是一个人们耳熟能详的语汇。从国际关系的协调到商业利益的谈判,从人际交往到人机互动,从人与自然的和谐到人与自我的沟通,从面对面的言语交流到跨越时空的思想碰撞,如此等等,无不与"对话"有着千丝万缕的联系。这种联系不仅反映在人们对"对话"这一概念的运用上,而且真实地体现在人与自然、人与社会、人与自我的关系处理中。随着全球化、信息化时代的到来,"对话"逐渐变成了现代人的一种精神追求和生活方式。当人们发现社会和个体的"对话"精神与教育之间存在着内在关联的时候,一场深刻的变革必将影响到学校教育发展的路向。实际上,20世纪90年代以来,学校教育一直在酝酿着各种新的教学实践变革,形成了许多令人眼花缭乱的教学新形态。这其中,一股新兴的力量便是对话教学。可以说,这股力量是学校教育对"对话"的时代精神和哲学的语言学转向的一个总体回应。

## (一) 对话教学产生的背景

任何一种新的教学形态的出现,都不是偶然的或突发的,都有着深刻的时代背景和教育背景。对话教学不仅是对话的时代精神向教育领域拓展的结果，而且是人们探寻传统教学出路、适应教学理念发展趋势的必然选择。

## 1. 对话的时代精神

每个时代、每个社会都存在着各种各样的矛盾和冲突，都必须直面这些矛盾和冲突，寻找缓和或解决这些矛盾与冲突的路径与方法。长期以来，暴力与战争不仅是社会矛盾与冲突激化的集中体现，也是各种文明之间、各种宗教之间、各种族之间、各种意识形态之间"交流"或解决问题的一种形式。随着科技的发展、全球化时代的到来，人类逐渐意识到，国家与国家之间、民族与民族之间、人与人之间不是简简单单的竞争关系；面对有限的环境与社会资源，"尔虞我诈"、"巧取豪夺"、"势同水火"都不是解决问题的根本之道，因为不同地区、国家与社会之间在经济、政治、文化、科技等领域的关联，从来没有像今天这样变得如此的胶着，这意味着人们在追求利益最大化方面，不能仅仅把他人看作是"敌人"或"对手"，更多应该是合作者与对话者。在这一背景下，"'对话'已经成为当代社会的关键词。从国际事务到人与人之间的关系，从政治领域到学术领域，'对话'已经成为人们追求的一种状态，同时也成为人们达成目的的有效策略。①"平等的对话不仅在思想上为人们普遍接受，在制度上也开始得到某种保障，如在国际舞台上的各类"对话"机制相继成立。对话已经成为一种时代精神，它不仅是一种解决问题的有效手段，而且正逐渐成为人们的生存方式。

作为一种时代的精神，对话具有丰富的内涵和现实意义：

**(1) 对话作为一种问题解决的策略**

对话的出现是因为我们这个世界还不太平，还存在着太多的误解、矛盾和冲突，科学的发达、技术的进步，并没有为人类解决这些问题提供直接的答案，相反，如果科学技术为强权政治所用，那么它给人类带来不但不是福音，甚至还是灾难；科技人才向富裕国家的集中，也使国与国之间的贫富差距加大；科学技术一方面大大提高了生产力，同时也大大加速了环境的衰退；科技的发展带来了物质的极大丰富，同时却使

---

① 刘庆昌：《对话教学初论》，载《教育研究》2001年第11期。

人类的精神生活日益被排斥和挤占,物质统治了精神,给人类带来的却是痛苦,人类开始为自己挖掘精神坟墓。科学技术在为人类解决问题的同时也给人类带来了其本身不可解决的问题。

科学的发展使人类的"技术—工具理性"膨胀,"科学技术已成为一种渗入社会总体结构和社会生活各个方面的意识形态,不再是一种中立的工具,而是一种独立的用来控制与支配人的力量。"[①] 要解决"技术—工具理性"带来的后遗症,我们必须从另一种角度,即人文理性的角度来思考这些问题,以将"技术—工具理性"这匹失控的野马拉回到帮助人类协调发展的轨道上来。

在付出沉重的代价后,人类开始认识到,在这个世界上,国与国、种族与种族、人与人是相互依存的,谁也离不开谁,你压制他的发展,最终你自己也会尝到这种压制的苦果,不管你是富人还是穷人,不管你是什么肤色,只有共同发展才是合理和互惠的。于是对话、合作开始代替对抗和对立。

对话作为一种和平解决矛盾和冲突的方式,它的前提是参与对话的各方在权力和地位上的平等,国不分大小,人不分贵贱,都有为自己争取平等发展的权利。有利益冲突的各方离开剑拔弩张的战场,坐到了没有主客之分的圆桌旁,交流、协商、辩论,求同存异,共谋发展。对话促进了交往,加深了理解,使敌人成为了朋友,使朋友成为了知音,世界在对话中变小,世界也在对话中变得稳定和安全,"技术—工具理性"给人类造成的差距和隔膜正在对话中慢慢消融。

(2) 对话作为一种生存方式

人类是一种社会性的动物,在日常生活中,人们离不开相互的沟通和交往,人们渴望别人能倾听自己的诉说,也希望别人将自己视为可以倾诉的知音,没有交往就没有朋友,没有交往就无法在现代社会中生存。对话的出现并不是意味双方之间一定就有误解和矛盾,在当下这个日新月异的世界,对话也意味着信息的互换、情感的互动,更重要的是对话已超越了人—人之间的传统方式,网络技术、电子技术的飞速发展使人—机对话成为一种崭新的对话方式,丰富多彩的对话方式的存在,

---

[①] 夏正江:《教育理论哲学基础的反思——关于"人"的问题》,上海教育出版社2002年版,第304页。

改变了人的生存状态,也改变了人的生活方式和思维方式,新的对话方式与旧的对话方式的同时共存,大大丰富和扩充了对话的内涵,对话已成为人们的日常话语。

对话作为一种生存方式,已渗透到人类日常交往的各个领域,国与国之间的友好访问、各种文化的民间交流以及个人与家庭、与社会的交往等等,都是对话在非冲突状态下、非功利性的体现。生活在这个星球上的人是千差万别的,他们的生活方式和文化传统各有异彩,他们希望传播自己的特色,也渴望欣赏别人的奇妙,这种带着赞赏性质的对话促进了人们的交往,加深了人们之间的理解,为人类生活带来了快乐和幸福,成为人类物质状态下的一种精神诉求,成为物质重压下的一种精神舒缓。

**(3) 对话作为一种时代意识**

一个时代有一个时代的集体意识,它是这个时代思考的结果。从20世纪以来,哲学领域出现了语言学的转向,这标明人类开始从哲学层面关注人的言语行为。其中,德国哲学家布伯(M.Buber)的对话哲学明确提出,人在本质上是一种"我—你"的对话关系,从而摆脱了自笛卡儿以来的"我思故我在"的惟我论哲学观的束缚,确立了一种新的本体论,即关系本体论。与此同时,苏联思想家巴赫金(M.Bakhtin)通过对文学作品中作者与读者关系的分析,阐述了自己的对话理论。另外,德国哲学家伽达默尔(H.Gadamer)的解释学、哈贝马斯(J.Habermas)的交往行动理论,以及英国的物理学家、思想家伯姆(D.Bohm)的对话理论,等等,都从哲学层面上对对话进行了探索,逐步形成了一股对话主义的哲学潮流。然而,真正将对话思想付诸教育实践,寻求被压迫者解放的,则是巴西教育学家弗莱雷(P.Freire)。20世纪中后期,他针对灌输式教育的弊端,提出了"对话式教学"的概念。

对话作为这个时代的一个关键词,其意义已大大超出了原始的语言学范畴,而成为一种时代的意识、一种时代的精神。它与平等、民主、理解、宽容等时代的最强音紧密联系在一起,成为人们一种自觉的追求。平等、民主、理解、宽容既是对话的前提,也是对话的结果,它们相互依存,彼此促进,推动着人类文明的发展。

## 2. 传统教学的弊端

在传统教学中,人们批判得最多的是它的教学方式——灌输式的讲

一、对话教学概述

授法。在这种教学方式中，只见"知识"不见"人"，或者说，知识的灌输占据了主要的地位，变成了惟一的教学主题，从而使人的发展，无论学生的发展还是教师的发展，陷入了对"知识存量"的片面追求之中。由此带来的后果是，教师沦落为知识的复制者、灌输者，学生变成了接受知识的"容器"，而教学演化为知识从教师到学生的传输过程。对于传统教学的种种局限或弊端，已有许多研究者从不同的角度展开了深入的分析，这里主要从对话与对话教学的角度，提出一些批评。

如果说对话本质上是一种交往行为，那么，以对话为旨趣的教学即是在教师、学生、文本的交往活动中展开的。从这一活动的结构来看，一般涉及教学交往的主体、行为、心理、情境等方面。其中，交往的主体通常是指卷入教学过程的教师、学生与文本；交往的行为主要指教师的教学行为与学生的学习行为，而文本是以一种静止的方式呈现的，它的行为是潜在的、内隐的，是文本作者行为的间接体现；交往的心理主要是指教师和学生参与教学过程的心理状态，而文本所透露的则是作者关于某个主题或问题的体验与认知；交往的情境则是由交往主体的心理和行为与特定的时空所构成的。下面关于传统教学弊端的分析正是从这四个方面入手进行的。

**(1) 在主体方面，突出了文本和教师，却忽视了学生**

传统教学以教材为中心、以教师为中心，学生则被边缘化。知识统治一切，教师奉教材和教参为"圣经"，不敢越雷池半步，教师备课备教参，学生上课背教材。在师生交往中，教师的主体性发挥"过度"，而学生的主体地位长期得不到落实。教师把学生看作是征服、改造、教育的对象，以为学生只是一张"白纸"，心智尚不成熟，不足以自立、自主，或者如赫尔巴特所言，他们内含着"盲目冲动的种子"，具有"难以驯服的烈性"，因而需要教师严加管教、多方防范。甚至有许多人天真地认为，管得越多，管得越严，"灌"得越多，"灌"得越好，就越是"好教师"；而学生只要服从教师、听教师的话、沿着教师指引的方向前进，就能成为"好学生"。

随着考试在人的职业进程中的重要性日益提高，教师的"权威"作用更是获得了淋漓尽致的发挥。能猜中考试题目的教师是最受学生、家长和学校欢迎的，其经济地位、社会地位乃至学术地位都是最高的。有些学生为遇上这样的"好教师"而暗自称幸，既然他们可以省心省力地学习知识，拱手让出自己的主体性，让教师牵着自己的鼻子走，又有何妨呢？家长觉得，为孩子找一个会灌输、会押题的考试型的"好教师"，让孩子进入由这些"好教师"管理和任教的班级，是他们"义不容辞"的责任。而校长的工作重点就是，从四处挖来这样的"好教师"，以提高学校的升学率，让学生、家长和学校三方各得其利，皆大欢喜，而教育本身赋予学校的神圣使命——让学生获得全面、和谐的发展，则被有意或无意地淡化和消解了。

以考试为指挥棒的教学，使一部分学生"心甘情愿"地放弃了自己的主体地位。这就是为什么在基础教育阶段，随着学生年龄的增大、考试重要性的增加，学生的主体性愈难调动的原因。尽管人们在理念或理论上确立了学生在教学过程中的主体性，但遗憾的是，这种主体性在实践中一直缺乏有效的转化策略与实现途径。

**案例1.1**

**只能自己说**

一位教师在执教小学人教版第七册《钓鱼的启示》中"父亲划着了一根火柴，看了看手表，这时晚上10点，距离开放捕捞鲈鱼的时间还有两个小时，父亲盯着鲈鱼看了好一会儿，然后把目光转向了我：'孩子，你得把它放回湖里去。'"这一段课文时，有这样一组对话：

师：请大家好好读读父亲说的话，看看从中你能体会到什么？（一学生举手，师让其回答）

生：我想问个问题，父亲明明知道离钓鲈鱼还有两个小时，为什么开始要同意"我"钓鱼呢？

师（露出失望的神情）：你听清老师刚才的要求了吗？坐下！

（生不好意思地坐下，整节课再也没吭声）

生：我觉得爸爸对"我"的要求很严格。

师（表情严肃地迫问）：仅仅是要求严格吗？（生语塞，其他学生没人举手）

师："我"在没有人看见、没有人知道的情况下钓到了从未见过的大鲈鱼，父亲却坚决要求放掉，表现了他自觉遵守社会公德、社会规定的高尚人格……

> 课后这位老师抱怨说：我给了学生说的机会，但他们就是不会说，说不到点子上，有什么办法呢？只能我自己说。①

在教学中总会出现一些教师意料不到的情况，如学生提出一些教师感到幼稚、好笑甚至难堪的问题，与教师设想的教学思路相差甚远，但这又确实是学生自己的问题。如何处理这类问题是衡量一个教师尊重不尊重学生主体性的重要指标之一。传统教学中的问题大都来自教材或教师，学生的问题只有与教材或教师的问题相符才能算是问题；教师以自己的问题统治着教学的全过程，形式上师生在一问一答，进行着对话，但实质上仍是教师的问题牵着学生的鼻子走，教师的话语霸权、行为控制、知识垄断，使学生在课堂中害怕提问，不敢对话，也不会对话。传统教学的这些"病症"，需要对话教学这剂良药来医治。

(2) 在行为方面，纵容着教师的专制，却压制了学生的自由

在教学过程中，虽然教师的行为也受到一定的职业道德和行为规范的限制，但相对于学生而言，教师的行为是自由而随意的。从交往的角度来看，教学行为可以分为言语行为和非言语行为。在这两方面，教师拥有广泛的自由，他们可以在课堂"随意"言说，"随意"行动，一般不受其他人的监控或限制。当然，这是教师正当的教学权利。然而，学生的遭遇则不同了，他们时时刻刻处在教师的监控之下，教师的行为决定着学生的行为，也就是说学生的行为只是教师行为的一种产物，学生没有自主发挥教学行为的权利，他们的行为只能是一种被限定和被允许的结果，这自然是一种被动的行为。同时在制度上，学生的行为也受到诸多的限制，如上课时不能讲话，做小动作，在小学阶段甚至连儿童的手放的位置、坐的姿式都有明确的规定。我们并不否认这些规定的良好出发点，但也不能忽视这些规定对教学产生的副作用。美国教育学家杜威（J. Dewey）曾将传统教育概括为一种"静听"的教育，学生只是教学的旁观者和接受者，而不是主动参与者。因此，传统教学实质上是一种"传话"教学。

当然，教师的行为也不全然是自由的，其中很重要的一部分是受文本（主要是教材和教参）控制的，即他们不得不说着别人的话，按照文

---

① 陈少海：《论"对话"的有效性》，载《小学语文教学》2004年第2期。

本进行"表演",也是"人在课堂,身不由己"。这也是传统教学对教师创造性的一种束缚。但与学生相比,教师又不能不说是庆幸的,因为在"静坐"的课堂中,失去了自由的学生比教师更辛苦,他们常常不得不在瞌睡的诱惑和对教师呵斥的恐惧中苦苦挣扎。

教学是要教学生向善、为善。在传统的致善方法中,有两种不同的取向:一种是"以恶致善",另一种是以"以善致善"。从本质上说,教育应该采取后者,但在传统的教学中,盛行的却是前者。教学中教师采取的多为纪律、惩罚甚至体罚来管理学生的行为。赫尔巴特(J.F.Herbart)在《教育学讲授纲要》中的第五十一条就明确指出:"众所周知,剥夺自由也是一种最常用的惩罚手段,假如这种剥夺确实适合过错,那完全是正当的。这种手段也有极多的层次,对于幼小的儿童来说,可以让他们立壁角,乃至关禁闭,甚至把他们的手反绑起来。"[1]这是一种在今天看来不可思议、但仍不可忽视的教育方式,它发生在教学中,使教育失去了它本真的意义。

> **案例 1.2**
>
> **请按老师给你的句式说**
>
> 这是一节小学二年级语文课《美丽的丹顶鹤》,教师在引导学生感悟课文内容之后,为了回归"第二整体"让学生产生从感性到理性的飞跃,说道:"同学们,你们想对丹顶鹤说些什么?"随即又出示了一个补充句子:丹顶鹤,你真____!这时,课堂上小手如林,有的说:"丹顶鹤,你真美丽!"有的说:"丹顶鹤,你真高雅!"突然,一位小男孩站起来:"老师,我……我觉得丹……"还没等这位小男孩说完,教师就立即示意:"嗯,想好了,请按老师给你的句式说。"小男孩满脸通红,不好意思地坐了下去,他究竟想说什么,也就无从知道了。[2]

在上面这个例子中,教师似乎采取了一种民主的教学形式,让学生自由地组织句子的一部分,但是一旦学生没有按教师的意志办,教师的就会毫不留情地剥夺学生的自由。因此,形式上的民主并不能掩盖专制的实质,只要教学观念没变,学生在课堂上的行为仍是受制于教师,仍

---

[1] 赫尔巴特著,李其龙译:《普通教育学·教育学讲授纲要》,浙江教育出版社2002年版,第234页。

[2] 吴冬梅:《你的课堂存在霸权现象吗?》,载《人民教育》2004年第3~4期。

不能拥有自由表达自己的权力。

**(3) 在心理方面，保证了教师的高高在上，却导致了学生的畏惧和依赖**

在教学过程中，知识和权力上的优势，给教师带来的是稳定和安全感，即使课堂上出现了意料之外的情况，他也能地运用自己的权力，迫使学生回到预定的轨道上来。而学生则相反，教师提问的不确定性，同学之间无形竞争的压力，都使他处于心理上的紧张和危机之中。在教学过程中，教师经常采取的是一种差异性的交往：对成就水平较高的学生，教师倾向于采取民主的、肯定的、充分尊重学生个性的方式，并且表现出很大的耐心；对成就水平较低的学生，教师倾向于采取专制的、否定的、控制的方式，并且较少给这些学生充分的思考时间和充分的表达机会。① 由于这种差异的存在，部分学生采取了逃避的态度，自我封闭起来，在课堂上不举手，不主动向教师提问，孤独地把自己排斥在群体之外。

学生在教学过程中的心理状态是常常为教师所忽视。这种心理状态不同于外显的行为，它是内隐的，往往不易从外在的特征去判断，如有些学生在课堂上看似若无其事，其实失去了教师和同学关注与认可的他，内心世界一片黑暗，常常在孤独和自卑的深渊中无法自拔。

另外，学生的心理状态又与思维过程紧密相关。试想没有一种轻松、自信的心理状态，学生的思维又怎能表现出创新和活力？教师的高高在上和在知识上的权威，造成了学生对教师和文本的依赖，凡是教师说的都是对的；凡是课本上说的，都是不能怀疑的。心理上畏惧，导致了思维上的僵化和思想上的奴化，学生在"惶恐"中失去了真实的自我。

---

**案例 1.3**

**《荷花》一文教学片断**

一位教师在执教《荷花》一课时有以下的一段对话（指名读第二自然段后）：

师：同学们！你们觉得文中荷花怎么样？

生：（脸无表情）荷花很美。

师：你说得很对，还有谁来说呢？

---

① 沈贵鹏：《师生课堂口头言语互动研究》，载《教育科学》1997年第1期。

> 生：（声音很低）我觉得露出嫩黄色的小莲蓬这种形态的荷花很漂亮。
> 师：除了美和漂亮外，你们没有别的感受了吗？
> 生：……①

这样的提问在传统课堂上是可以经常看到的，教师对学生的提问就像警察在"逼供"一样，学生的回答过程缺乏积极的情感体验，只是小心翼翼、提心吊胆地揣摩教师的标准答案，在无把握的情况下，宁可保持沉默，也不去"冒险"。这样的问题不受学生的欢迎，不是学生自己的问题，甚至也不是一些真正的问题，因为它并没有引起学生积极的思考。教师也感到枯燥，因为没有学生的主动参与，课堂如同干巴巴的"饼干"，难以下咽。

**(4) 在情境方面，有的是教师独白式的"表演"，缺的是"观众"的参与**

"在'独白'式教育中，一方面，教师更关注的是自己的表演，而不关注学生（观众）的反应；另一方面，学生很少有表演的机会，即使表演，教师也不愿当观众。"② 在课堂中，教师一人掌握着全部的教学资源，他不仅是教学过程的导演，而且是其中的惟一主角，由此教学便变成了教师的"独角戏"。这只能导致沉闷枯燥的课堂，师生之间、生生之间、师生和文本之间缺乏交流和沟通，教学过程成为师生交换外部言语信息的过程，而忽视了师生彼此共创共生的意义建构过程，师生之间也没有"共鸣"和"合奏"，教师为完成教学任务而教，学生为迎接考试而学，单纯注重结果的教学评价取向使教学过程已显得不太重要，学生在接受这种单向的灌输中失去了青春和活力。

鉴于以上几个方面的弊端，我们要对传统教学进行改革，可以从改善师生之间、生生之间、师生和文本之间的交往入手，让学生重新获得平等对话机会，让他们从沉默中走出来，发出自己独特的声音，让课堂不再是教师独奏的空间，而是教师、学生、文本相互共鸣的天地，让教学从独白走向对话。

---

① 陈少海：《论"对话"的有效性》，载《小学语文教学》2004 年第 2 期。
② 蔡春、扈中平：《从"独白"到"对话"——论教育交往中的对话》，载《教育研究》2002 年第 2 期。

## 3. 教学理念的发展

在学校产生之前，教育发生在自然情境下儿童与成人的交往过程之中，教学效率低，学生获得的知识零散而不系统，难以满足社会发展的需要，特别是人类进入工业社会后，生产力的巨大发展，生产规模的扩大，迫切需要教育培养大批的具有一定知识和技能的劳动力，由此催发了班级授课制的诞生。

以赫尔巴特为代表的传统教育学派看到了社会的需要，为了有利于批量地培养学生，提出了著名的"三中心论"，即"教师中心"、"教材中心"和"课堂中心"，大大扩大了教学的规模，提高了学校的"产出率"，同时也缓解了社会对人才需要的压力。从这种意义上说，在当时的历史条件下，传统教学促进了社会的发展，顺应了时代的要求。但是，传统教育一个致命的"软肋"是，它将人看成了工具，将学生视为学校的"产品"，也可以说是将学生视为大机器生产中的一个"零件"，这种产品只要有知识、有技能就是"合格产品"，至于他的个性发展、他的对幸福人生的追求，则不是学校的任务，也不是教学的责任。这种将人训练成"非人"的机械、呆板的教育和教学，遭到了后来众多教育学家的批判，其中尤以杜威为最。杜威对赫氏的批判可谓入木三分，他认为传统课堂的只是供学生"静听"用的，静听的方式意味着儿童只是被动地接受，教师只是把准备好的现成教材传授给儿童，让儿童以尽可能少的时间获得尽可能多的知识。他认为，传统教学忽视了教育中最主要的东西，即儿童具有生动地表现自己的生命力。因此，他主张"教育即生长"，极力反对那些机械、呆板的教学，倡导让儿童从活动中学，"从做中学"，"教育的过程是一个不断改组、不断改造和不断转化的过程"。[①]

20世纪60年代以后，随着人本主义心理学的兴起，罗杰斯（C.R.Rogers）的"非指导性教学"受到人们的关注。罗杰斯试图通过创设一个心理安全、自由平等的教学环境，来帮助儿童走向创造性。罗杰斯认为应将教师称为"促进者（Facilitator）"，教师只是学生自我发展的催化剂，而不是教学过程的领导者。有亲眼目睹罗杰斯教学过程的人

---

① 杜威著，王承绪译：《民主主义与教育》，人民教育出版社1990年版，第54页。

士事后评价罗氏的教学说:"这门课程完全是无组织的,确实是这样。任何时候、任何人、甚至教师本人都不知道课堂的下一刻会出现什么,会出现哪些讨论课题,会形成什么样的个人需要、感情和情绪,是罗杰斯先生自己造成了这样一种有组织的自由气氛——如同人们允许彼此为所欲为那般自由。"①罗杰斯的重要贡献是意识到了教学情境对儿童创造能力发展的重要作用,用师生之间的温馨情感来代替冷冰冰的纪律,从而改变传统的教师与学生之间的对立,使师生开始走向互相理解、教学相长的新境界。"罗氏认为教学过程从本质上说是旨在创造一种无威胁性的融洽气氛,师生之间、学生之间积极交往,充分合作、共同承担责任及分享权利,因此形成一种课堂的'群体动力'。"②

20世纪交往行动理论和对话哲学的兴起,特别70年代巴西教育家保罗·弗莱雷在其名著《被压迫者教育学》中提出了对话式教学以后,人们开始广泛关注教学中的师生交往和课堂中学生的生存状态,在我国有学者提出了要改变课堂生态,让课堂焕发生命的活力。③而对话教学正是实现这些转变的最佳途径之一。对话消除了师生之间的隔膜,使师生之间去掉了虚假的"面具式"的交往,教师获得了学生的信任,学生在教师心目中也变得可爱和聪明起来。对话首先带来了师生关系的巨大变化,然后便是整个教学过程和课堂生态的变化,同时也提高了教学的效率,使文本得到了更好地理解,学生惊喜地发现原来知识离他们很近,知识原来也具有鲜活的面孔,可以和他们面对面地对话。

从传统教育到现代教育,实质是一个教育向儿童回归、向人回归的过程,教师要转变观念,要意识到学生不再是供自己制造、供自己雕塑的"原材料"、"毛坯",更不是可以随意挤捏的泥巴,学生幼小的、娇嫩的心灵更需要爱的阳光和情的雨露,他们面对这个还很陌生、神奇的世界,既有好奇又有敬畏,教育的目的就是要让人找回自我,让儿童大胆地去体验、去探索:和周围的人对话、和书本对话、和自然界对话,并在对话中了解这个世界,在对话中认识自己、发展自己。

---

① 钟启泉、黄志成主编:《美国教学论流派》,陕西人民教育出版社1993年版,第260页。
② 熊川武:《反思性教学》,华东师大出版社1999年版,第43页。
③ 叶澜:《让课堂焕发出生命活力——论中小学教学改革的深化》,载《教育研究》1997年第9期。

## （二）对话、教学对话与对话教学

在今天这个新生事物层出不穷、新的词汇不断被涌现的时代，"对话"倒是一个让我们习以为常、不太去深究的词汇，人们频繁地使用它，并享受着它为人们的现实生活带来的丰硕成果。但什么是对话呢？对话与谈话有区别吗？教学对话与日常对话有什么区别呢？

### 1. 何为对话

在英文中，对话一词为"dialogue"，为了更好地理解它的意思，不妨从词源上来考察一番。"dialogue"一词源于希腊文中词"dialogos"。这个词实际上是由两部分组成的，前缀 dia 有两个意思，其一是"二、双，双重、两倍"的意思；其二是表示"在……两者之间"，或"通过、经过"之意。希腊文中的 logos，它不仅有"言语、谈话"之意，而且还有"思想、理性、判断"的意思。按照英国物理学家和思想家伯姆的观点，"dia"的意思不是指"两个"，而是指"穿越（through）"，也就是取其第二个含义。因为"对话并不仅仅局限于两人之间，它可以在任何数量的人之中进行。甚至就一个人说，只要他抱持对话的思维与精髓，也可以与自己对话。"[1] 这是说，对话可以在两个人或一些人中间发生，甚至也可以在一个人身上发生。当对话的精神力量出现时，一个人也可以和他自己形成对话。而 logos 的意思，伯姆则只取其第一层意思，也即"词"或"词的意义"。简言之，在伯姆那里"对话"不是指数量上的界定，对话可以发生在任何人中间，"对话"的含义是，"一种流淌于人们之间的意义溪流"。[2] 换句话说，意义的溪流是通过我们并在我们之间流动的。

让我们再来看看中文中"对话"的含义。中文中"对话"一词也可拆分成两部分。中文中的"对"也可表示"二"和"双"的意思，比如"成双成对"，"对"的另外一个意思则是表示"朝向或指向……"，比如

---

[1] 戴维·伯姆著，李尼科编，王松涛译：《论对话》，教育科学出版社2004年版，第6页。
[2] 同上，第6页。

"我对你说","面对"等。"话"在中文中则只可作名词"言语"或动词"说"的意思。而"对话"作为一个完整的词有三种含义:一指相互间的交流;二指文艺作品中人物之间的谈话,与独白相对;三是指对立或无联系的国家、集团、个人等之间所进行的接触或交流。

综上所述,我们可把对话界定为"人们彼此之间借助言语,以达到交流思想,促进理解的一种行为方式"。简单地说,对话就是一种"有意义的交流"。

从国内目前的相关研究来看,有研究者认为,一般地理解,对话有两种意义:一是指两个或两个以上的人之间的谈话;二是指双方或多方之间的接触或会谈。对话在这里实际上被理解为与单个人的独白相对应的一种言语形式,属于纯粹的语言学现象。如果从社会学与文化学的角度去考察,我们会发现对话具有更加广泛的意义。站在社会学的立场,一个人或一类人必须具备一定的资格才能参与到一定的对话情境中。资格的存在,使得对话不会是任何两个人或两类人之间无条件的言语形式。处于社会或专业领域不同阶层的人,由于权力和素养上的不平等,很难进行实质性的对话。站在文化学的立场上,两个人或两类人必须具有共同的利益和追求才可能坐下来对话,否则,处于不同文化背景或不同专业领域的人,也很难进行实质性的对话。[①]

也有研究者从广义和狭义两个方面对"对话"进行了界定。狭义的对话被理解为是与单个人的独白相对应的一种语言形态,是在两个或两个以上的人之间进行的言语交流,应将之归入语言学的范畴。而广义的对话事实上已经完全超越了原始的以口头语言交流为特征的语言学意义,现代科技的发展,人—机对话的出现,对话的形式较之以前已发生了巨大的变化。而对话在现实生活中的内涵也得到了大大地丰富和发展,对话作为一种原则,它往往与民主、平等、包容、理解联系在一起;对话作为一种策略,则常常与共同在场、主动介入、积极参与联系在一起,即通过敞开、接纳、回应、碰撞、沟通、合作、交流、互动等,达成视界融合以及共生共荣的理想;对话作为关系思维的表征,既可以发生在人与人之间,也可以不直接发生在人与人之间,而发生在人与人的精神产品,亦即人与各种文本之间。这种对话并不以口头语言的

---

① 刘庆昌:《对话教学初论》,载《教育研究》2001 年第 11 期。

交会为特征，而是通过人对文本的理解和批判展开。[①] 在此意义上，今人可以与古人对话，一个人可以与远距离的、不能谋面的人对话，也可以与客观存在但极可能永不会熟识的人进行对话。这种对话在现代社会，尤其在信息网络的时代，会变得越来越普遍，它改变着人们的生活方式，影响着人们的生存状态。面对这些变化，我们不得不在更广泛的意义上关注对话，去思考对话所具有的新的时代内涵和生态条件。

## 2. 何为教学对话

教学与对话有着一种天然的联系。"如果把人类社会的实践分为生产实践和交往实践，那么，教学就属于交往实践。"[②] 人类的交往实践是在对话中展开的，因此，教学本身就是一个对话的过程。克林伯格（L.Klingberg）指出，在所有的教学中，都进行着最广义的对话，……不管哪一种教学方式占支配地位，相互作用的对话都是优秀教学的一种本质性标识。在他看来，教学原本就是丰富多彩的对话过程，拥有对话的性格。这就是"教学对话原理"。[③] 那么什么是教学对话呢？简单一点地理解，我们可以将它视为发生在教学过程或教学情境中的对话，也即教学过程中主体之间以对话的形式表现出来的交往与互动。对话与教学的这种天然关系，却由于教师的霸道，遭到了硬生生地"拆卸"，结果，教学中的对话变成了教师的独白。

实际上，这种教学对话早已散布在人类的教育实践中。比如，春秋时期的孔子与其弟子的对话在《论语》中多有记载，他信奉"不愤不启，不悱不发"，在教学中对学生循循善诱，反复启发。在孔子的教学中，多以学生提问为主，教师来回答，而不是像今天这样正好倒过来。例如，在《论语·颜渊篇》中有这样的记载："颜渊问仁。子曰：'克己复礼为仁。一日克己复礼，天下归仁焉。为仁由己，而由人乎哉？'颜渊曰：'请问其目？'子曰：'非礼勿视，非礼勿听，非礼勿言，非礼勿动。'颜渊曰：'回虽不敏，请事斯语矣。'"而且，孔子在对话中从不给一致的标准答案，不同的学生来问，他总是根据学生的不同品质而给以

---

[①] 陈顺洁、华卜泉：《对话教学的概念与要素》，载《现代中小学教育》2003 年第 2 期。
[②] 田汉族：《交往教学论的特征及及理论价值》，载《教育研究》2004 年第 2 期。
[③] 钟启泉：《对话与文本：教学规范的转型》，载《教育研究》2001 年第 3 期。

不同的答案，比如同是问仁，当仲弓来问时，孔子则回答说："出门如见大宾，使民如承大祭。己所不欲，勿施于人。在邦无怨，在家无怨。"当司马牛来问仁时，孔子却只有寥寥几个字："仁者，其言也讱。"应该说，不怕学生问的教师才是好教师，才能让学生得到启发和教益，从教师那里学到真正的东西。但孔子在与学生的对话中，虽有情感的交流，但师道尊严却是没有放下的，在那个"天地君亲师"的时代，要孔子具备真正的师生平等意识也是不现实的。

在西方教育史上，说起最早运用对话的形式进行教学的，大家首先想起的自然是古希腊的苏格拉底。苏氏也许算不上严格意义的教师或教育家，但他在街头巷尾的"布道"，运用的方法就是对话。苏格拉底的教学方法，后人称之为"产婆术"，下面我们来看看苏格拉底是怎样运用这个方法的，在苏氏的弟子柏拉图整理的《美诺》篇中，苏格拉底与古希腊的贵族美诺之间关于什么是美德展开了一段精彩的对话：

### 案例1.4

#### 关于美德的对话

……

苏：美诺，当你说男人有一种美德，女人有另一种美德，小孩又有另一种美德，如此等等，这种情况只适用于美德呢？还是说这种情境同样适用于健康、身材、力气呢？或者说，健康的本性无论男女都一样？

美：我得说健康对于男女都一样。

苏：而这对于身材和力气不也是真的吗？如果一个女人强壮有力，那么，她之所以强壮有力，是因为在她身上存在着同在男人身上一样的力气。我的意思是说，力气作为力气，无论男女都一样。这有什么区别吗？

美：我想没有。

苏：而美德作为美德，无论在男女老少身上，不也是一样吗？

美：苏格拉底，我觉得这种情形跟别的情形不一样。

苏：可为什么不一样？你不是说过男人的美德在于治理国家，女人的美德是操持家务吗？

美：我是这么说过。

苏：不论家务或国家或别的事情，如果没有节制和正义，能治理得好吗？

美：肯定不能。

苏：那么不论男女，如果他们要成为好男人或好女人，就必须有同样的节制和正义了？

美：是这么回事。

苏：一个人不论年长年幼，如果没有节制，如果不正义，能够成为好人吗？

美：不能。

苏：他们必须拥有节制和正义吗？

美：是的。

苏：所以，无论什么人，都以同样的方式，都因享有同样的美德，成为好人。

美：推断下来就是这样。

苏：而且，除非他们的美德是一样的，否则就一定不会是同样方式的好人了？

美：他们不会是。

苏：那么，一切美德的相同性现在已经证明了，试想一下你和高尔吉亚所说的美德是什么。

美：你是要给所有的美德下一个定义吗？

苏：这正是我所寻求的。

美：如果要给所有的美德下一个定义的话，除了说美德是支配人的一种力量，我就不知道说些什么了。

苏：这个美德定义包涵一切美德吗？美德在一个小孩身上和在一个奴隶身上是一样的吗？美诺，小孩能支配他父亲吗？奴隶能支配他主义吗？那支配人的人还会是奴隶吗？

美：我想不会，苏格拉底。

苏：确实不会，这是没有道理的。你又重蹈覆辙了，我的好朋友；根据你的意思，美德是"支配人的力量"；可是，难道你不加上"正义地或不正义地"吗？

> 美：是的，苏格拉底，我同意这点，因为正义就是美德。
> ……①

从上面这段对话中，我们可以领略苏格拉底"产婆术"的魅力：他并不以自己是权威自居，而是通过对对话者的观点进行一步步深入的追问，让对方发现自己思考问题的不足；苏氏并不是直接给一个肯定的结果给对方，而是让对话者在对话过程中自己去思考问题，自己去寻找答案，因此，与苏格拉底对话最大的收获也不是要得出一个很满意的答案出来，而是在与他对话的过程中自己思想发生的变化，受到的启发。苏格拉底的对话应该说更接近对话的本质，教学的过程中充盈着平等、民主的精神，把知识的生成权交给他的各式各样的"学生"，自己则只充当智慧的"产婆"，这种对话方法和对话精神对我们今天的教学仍具有重大的启示作用。

从以上的分析中，我们可得出教学中不同的对话观。美国的布伯斯（N.C.Burbules）就区分了教学中的两种对话观：即"目的论"与"非目的论"的对话观。他认为目的论的对话观是将对话视为一种获得知识的途径，这种对话有一个"确定的、预设的终极目的"；而"非目的论"的对话观，则关注的不是"引导它的实践者获得一致的和毫无疑问的结论。它的作用在于它更多的是启发，而不是找到真理。"②另外布伯斯还论述了作为教育学意义上的对话。他认为作为教育学意义上的对话"不像其他的交流方式（如聊天、争论、谈判，等等）。教育学意义上的对话是一种直接指向发展和新的理解的行动，它能增长知识、增进理解、提高参与者的敏感度。它代表着一种持续的、发展的相互交流，通过它，我们获得对世界、对我们自己以及人们相互之间的更充分的理解。在某些情况下，对话可能有一个明确的目标，比如回答一个具体的问题或者交流一些已经形成的理解。然而在另一些情况下，参与者没人知道对话将走向哪里，或者是否它将成功；如果一个人以一种过程观来看待对话和它的优点，这种不确定性就能被看作是具有教育意义的。"③

---

① Plato, Meno, trans.by B.Jowett. In *The Dialogue of Plato* with an Introduction by E.Segal, New York: Bantambooks, 1986.pp193~229.（译文参见黄向阳译）
② N.C.Burbules, *Dialogue in teaching: theory and practice*, Teachers College Press, 1993.pp4~5.
③ op cit., pp8~9.

布伯斯主张非目的论的对话观，认为对话并不是为了简单地得到一个确定的、预设的目的，而是为了获得一个可以使师生可持续发展的过程，这就是他的非目的论的"目的"，这可以从说是从苏格拉底那里一直继续下来的最可贵的对话精神，但是苏氏生不逢时，那还不是一个倡导对话的时代，因此苏格拉底最后只有接受审判，并被绞死。而现在人类正迎来了一个对话的时代，对话的精神虽不能说处处可见，但已为人们所认同和接受，并成为一种共同的追求。

国内研究者在探讨对话在教学中的意义时，认为对话具有多重性质，有研究者在总结教学对话的历史的基础上认为，教学中的对话具有方法和原则双重性质[①]。作为教学方法的对话，它只是一种教学技术，目的是为了提高教学效益，使学生更好地接受和理解所学知识，它带有预定的目标，仍是为了达成师生一致的意义，获得一个满意的教学结果；而作为一种教学原则的对话，则是一种令传统教师紧张的思想和意识，它要求打破教师在课堂上话语霸权，鼓励学生平等参与，提倡学生反驳、质疑教师的不当做法和书本知识中存在的问题，它不仅是师生之间言语的交流，更是情感和精神的相会，是一种心灵打开、心境澄明的体验。

也有研究者认为，教学中的对话具有三重性质：一是以对话为手段，二是以对话为原则，三是以对话为目的。[②] 以对话为手段的教学，是充分发挥对话在教学中的积极作用，把对话作为了解学生学习状况，活跃课堂气氛，促进学生学习，提高教学效率和质量的一种有效手段，也即通过对话进行教学。仅仅把对话当成教学手段的教师，对课堂对话采取谨慎和务实的态度。他们对于课堂对话所引起的纪律问题以及教学时间不足等问题尤其敏感，反对滥用对话，强调对话必须服务于教学。当对话有助于基本教学目标的实现时，就使用并加强对话，而当对话有碍于基本教学目标实现时，就弃用或淡化对话。

以对话为原则的教学，则将对话看作是师生课堂生活的基本方式，是课堂教学的固有要求。教师把学生看成是学习的主体，课堂生活的主

---

[①] 刘庆昌：《对话教学初论》，载《教育研究》2001年第11期。
[②] 此观点来自华东师大教育学系黄向阳博士主持的上海市江苏路第五小学的"对话式教学"课题。

人，把学生当作具有独立人格和尊严、具有表达和交往需要、具有一定生活经验和一定理解力的个体，加以关怀和引导。这些教师不但把对话当成一种教学手段，而且把它当成一条教学原则，努力在对话中进行教学，并使对话成为课堂生活的一般精神。教师注重培养学生交流和对话的能力，而不仅仅是为了让课堂看起来活跃的"假对话"。教师的工作重心集中在组织和安排学生的讨论和合作上，而不是在于单纯的师生对话和提问。

以对话为目的的教学，其目的是使学生敢于表达，并善于表达，学会有序而准确地表情达意，学会以听众可以理解的方式、可以接受的方式表达，学会倾听，学会尊重、理解、分享他人的思想和感情，学会平等对话，学会求同存异。

与一般的对话相比，教学对话有其特殊性。"在一般对话中不了解的人向了解的人打听，而在教学对话中是了解的人向不了解的人打听。另外，在一般对话中，对于提问的应答添加了感谢的词汇，但在教学对话中，对于提问的应答添加了评价的词汇。"[1] 当然这只是教学对话与一般对话在形式上的一般区别，实际上在教学对话中，学生一样可以向老师打听，也就是提问。而实际上对于提问的应答，也不一定必须包含教师的评价，也可以由学生相互评价，甚至不评价，将问题搁置起来。

教学中的对话与日常的畅谈和学术论争、学术讨论又有什么区别呢？日本学者佐藤正夫为我们作了一番比较。[2] 他认为，教学中的对话与畅谈、学术论争和学术讨论有同有异。畅谈与对话都是由发问和回答组成，但不同的是畅谈的话题是可以随意变更的，常常是海阔天空地漫谈一番。谈话的主题随心所欲，听凭言谈者自由选择。而对话则不能这样信马由缰。学术论争和学术讨论在这方面虽然与对话有相同的地方，比如，话题都有一定的范围和指向，但学术论争和讨论要求更严，它受对象或内容的极大限制。从某种意义上说，这种对话是以科学问题的探究为中心、以目的指向性为特征。它的性质、构成、结果，从根本上是

---

[1] 佐藤学著，钟启泉译：《课程与教师》，教育科学出版社2003年版，第350页。
[2] 参见佐藤正夫著，钟启泉译：《教学原理》，教学科学出版社2001年版，第311～312页。

受论争对象的性质及其逻辑结构所制约。另外，学术论争、讨论是在对等的、具有专门知识的参与者之间进行的，而教学中的师生对话则不可能达到这一点。

另外，虽然说教学中的对话与畅谈和学术讨论一样也有目标，并受内容的制约，但这种制约不像学术对话，完全是由知识的逻辑性质决定的，教学对话主要是受师生关系的制约，换言之，教学中的对话是以教师指导为其特征的。也就是说，教师制订对话的目标与计划，为引导学生发展智力与品德提供一定的方向。

当然，也有和畅谈相似之处的教学对话。例如，当学生受到某种体验的深刻感动、群情振奋时，教师也会根据教学情境的需要，抛开原定计划，让学生自由交谈。这是教学对话与畅谈的相似之处。当然我们不能像畅谈那样，全凭学生兴趣展开讨论，但是当下我们主要反对的应是教师对教学对话的过分干预。倘若将这种干预引向极端，学生只能想教师所想，说教师所说。教师要求学生的回答完全与教师的预设一致，学生只稍加变动一下发问的词语都可以作出解答。这种对话从根本上说绝非真正意义上的教学对话，它只不过是中世纪的宗教性教学中所运用的、18~19世纪在西方盛行的问答教学罢了。

在问答教学中，教师向学生提出一些自己预先设计好的问题，而学生的回答必须以教师或教学参考书上的标准答案为准，教师的职责是提供现成的知识，并要求学生盲目地接受和背诵这些现成知识。这是凭借机械的问题形式，灌输现成知识的方法，甚至教师本身也成为一种给学生灌输知识的工具。而教学对话作为一种师生共同解决问题、引出问题的方法，与单纯的问答教学的不同之处，在于学生自由地思考、自由地叙述他们的疑问和见解。教师凭借发问和激励，使学生自主地、自由地活动，提出他们的疑问，发表他们的见识，如此，生动活泼的教学对话才可以形成。

### 3. 对话教学的界定

教学本就是一个对话和交往的过程，是师生在对话和交往中共同创造意义的过程。如前所述，对话作为一种教学方式在教学中的出现并不是现在的发明，我们可以一直追溯到我国春秋时期的孔子和西方古希腊时期的苏格拉底，但他们运用的对话方式还只是一种很朴素的教学对话，因为他们没有一整套先进的教学理念、理论来作为支撑，至少不是从教学本身出发，自觉运用对话方法的。因此，他们的行为只能称作教学对话，而不能称作对话教学。在新的时代条件下，作为一种新的教学理论和教学形态，对话教学是在基础教育改革的形势下，适应时代发展的需要提出来的。

我们可以来看看基础教育课程改革的具体目标，比如要"改变课程过于注重知识传授的倾向，强调形成积极主动的学习态度，使获得基础知识与基本技能的过程同时成为学会学习和形成正确价值观的过程。""改变课程实施过于强调接受学习、死记硬背、机械训练的现状，倡导学生主动参与、乐于探究、勤于动手，培养学生搜集和处理信息的能力、获取新知识的能力、分析和解决问题的能力以及交流与合作的能力。"（《基础教育课程改革纲要（试行）》）其中，"培养学生交流与合作的能力"就是针对传统教学中"过于注重知识传授的"，"过于强调接受学习、死记硬背、机械训练的现状"的现状提出来的，而怎样改变这种现状、怎样培养学生的交流与合作能力呢？当然途径不止一种，而对话教学因其符合时代的需要，以及其先进的教学理念而受到了人们的广泛关注，当然作为一种新的教学理念，它在理论上和实践上都不是很成熟，要对对话教学的具体内涵作一个全面的概括，给对话教学下一个定义还是一件相当困难和棘手的事情，因为对话教学在实践中并未作为"客观的事实"存在。"在很大的程度上，我们是在预见一种新的教学形态，表达一种新的教学理想，而不是对已经存在的事实做客观的描述。"[1]

我们认为，作为一种新的教学形态，对话教学首先应具有较厚实的理论基础，其次应有一套比较系统的教学理论，包括先进的教学理念、具有一定可操作性的教学模式，以及合理的评价办法。从国内的相关研究来看，许多研究者都是在对"对话"进行界定的基础上，对对话教学的应然特征进行了一些阐述。比如有研究者将对话教学概括为以下方面的特征：①对话教学是民主的、平等的教学；②对话教学是沟通的、合作的教学；③对话教学是互动的、交往的教学；④对话教学是创造的、生成的教学；⑤对话教学是以人为目的的教学。[2] 当然，说这些是对话

---

[1] 刘庆昌：《对话教学初论》，载《教育研究》2001年第11期。
[2] 同上。

教学的特征并没有错，但关键是这五个方面的特征却并不是对话教学所独有的，也就是说"特征不特"了。在当下众多的新出现的教学形态中，大多是以这几个方面为特征的关键词的，而且"民主、平等，沟通、合作、互动、交往、创造、生成，以人为本"等词语不仅是教育，而且是当下各个领域共同"流行"的主题，这是时代的赋予的使命，也是这个时代的特色，教育、教学要与时俱进，当然不能免"雅"。打个比方，在教育领域，大家都有一个共同的目标，都在攀登同一座山，顶峰只有一个，但大家爬山的路径却各有不同。如果这样看的话，对话教学与一些别的教学形态共享一些特征，也就不足为怪了。但是，也不能说对话教学就没有自己的一点特色，它的特色地方应该体现在它与众不同的"登山路径"上，也就是说它是"通过对话，在对话中"来实现它要追求的教学目标，这个目标并不是一个短期的功利性的目的，而是一种教育理想。

那么，什么是对话教学呢？首先，对话教学是教师、学生和文本三者都取得了平等地位的教学。学生不再被教师牵着鼻子走，开始有了自己的发言权，既可以提出自己的问题，又可以发表自己对问题的理解和看法；教学不再是教师的"一言堂"，师生之间可以争论，可以探究；知识不再是僵死的，而是与教师、学生一起共同构成对话的主体。其次，以平等的主体关系为基础，师生之间的对话不是停留在热闹的形式上，而是要深入情感的层次，共同交流自己对文本的体验。教师的权力大大下降，尽管他不能随意地下命令，轻易地下结论，但他在学生心目中的威信可能反而提高了，或许学生更敬重他了，同时变得鲜活可爱了。再次，随着对教师信赖感的建立，学生有了一个安全、自信的心理环境，他们的智慧便不可阻挡地迸发出来。师生都发现自己变得聪明和快乐起来，课堂已不是教师难堪、学生难熬的知识"灌装"车间，而是师生共同探讨知识、发展自己的快乐之家。"教室"这个名称似乎已不能承载它的快乐了。最后也是最根本的一点，对话教学不仅仅是一种教学形态、教学方法，更重要的是它体现了一种平等、合作、互助的精神。

结合以上的正反两方面的分析，似可对"对话教学"作这样的界定：对话教学是教学过程中的主体借助有意义的交流，不断探究和解决教学中生发的问题，以增进教学主体间的理解，提升师生教学生活质量的过程。下面我们结合两个教学案例，来感受一下对话教学的意蕴：

### 案例1.5
#### 《鸬鹚》一课教学片断

生：天色逐渐暗下去了，湖面上又恢复了平静。作者为什么还要加上一句"只留下一条淡淡的水痕"呢？

师：（稍加思索）这个问题，老师也不明白，请大家讨论后告诉我，好吗？

（听老师这么一说，学生情绪高涨，积极投入读书、讨论的活动，老师巡视、指导。课堂气氛非常活跃。）

生：渔船走后，会在船尾留下一条水痕，说明作者观察得很仔细。（从观察角度）

生："捕鱼前"和"捕鱼中"都写了湖面的情况，这里照应着写，读起来很整齐。（从写法角度）

生：鸬鹚捕鱼太有趣了，连河水也在回味刚才的一幕。（从意境角度）[1]

在这个案例中，"老师也不明白"这句话成为一个激发学生之间讨论的引子，认真阅读了文本的学生提出了一个自己的问题，这是一个很有价值但又出乎教师意料之外的问题，机智、民主的教师也许本可以回答这个问题，但他或她选择了适时的淡出，让学生继续担任课堂的主角，而教师则学会了倾听。学生则因自己可以思考一个连老师也不明白的问题而感到受到了极大的尊重，主体性和能动性被极大地调动起来，而结果也证明，学生的群体智慧是可以解决他们自己在学习中遇到的问题的。在这样的交流和对话中，学生的智慧得到了较好的发展、文本得到了充分的理解，教师也有了一种新的体验，发展了自己的教学，这是一个"三赢"的结果。我们再来看一个案例[2]：

---

[1] 李红燕：《疏通"对话"渠道》，载《教学月刊·小学版》2003年第11期。
[2] 杨世碧：《对话型阅读教学初探》，载《重庆教育》2003年第11期。

### 案例1.6 《放弃射门》的对话教学

有教师在教授《放弃射门》（小学人教版第十册）一课时，在学生阅读课文内容的基础上，让学生围绕"你赞成福勒两次放弃射门的做法吗"的话题，组织学生与学生、教师与学生、学生与文本、教师与文本的对话。有学生说，我不赞成福勒的做法，因为作为福勒他是足球明星，球赛的成功与否，对他来说十分重要，这不仅仅是金钱，更重要的是名誉。有学生说，我既赞成福勒的做法，又不赞成福勒的做法，因为，第一次福勒放弃射门是为了西曼的生命安全，避免受伤，我赞成他的做法；第二次射门，是裁判罚点球，福勒也放弃了，我不赞成他的做法。有学生说，我赞成福勒的做法，因为第一次放弃射门是为了避免对方球员受伤，以对方球员的生命为重，放弃了对金钱和名誉的追求；第二次放弃射门，是为了维护体育竞赛的公平、公正。

此时，教师抓住时机与学生进行对话，他说：同学们对福勒的做法表明了自己的态度，我也想表明我的态度，可以吗？学生欣喜同意。教师说，我非常赞成福勒的做法，他的两次放弃射门，不仅仅是放弃了对金钱、名誉的追求，更重要的是表现了高尚的体育道德风范和伟大的人性美，这也是我们每个人做人的准则。所以，作者说——（齐读）："我不是狂热的球迷，但那一次看球，却被一种人性美深深地震撼了"；所以，课文最后说——（齐读）："这是一种保持足球运动团结的举动。在如此重要的比赛中，你表现出来的风范，将成为所有运动员学习的榜样"。

这个案例中，与前一个案例不同的是：问题是教师精心设计并提出的，教师先倾听学生与文本的对话、学生与学生的对话，让他们充分发表自己的见解，然后教师也将自己对文本的理解对学生敞开，这样学生在与教师、文本的对话中，在探究和讨论中，在相互回应与碰撞中，就可能向"真善美"靠近一步。需要强调的是，教师在对话中，要给学生以帮助和引导，倾听学生的感受，提示学生感受误差，指点文本中易被忽视的亮点，以引起学生的注意，给学生以情感态度价值观的正确导向。

## （三）对话教学的特征

一般来说，要描述一种教学形态的特征，大体可从三个方面展开：一是时代的背景，二是所在领域的共性，三是自身的特点。拿对话教学来说，它在这个时代被提出来，自然是要打上这个时代的烙印的，对教学过程中民主、平等的追求，是这个对话时代的精神在教育领域中的反映。另外，对话教学作为一种新的教学形态在其自身的领域内也有与别的教学形态相通的地方，如前所述，对话教学要达到的教学目的，所追求的教学理想并不是它独有的，因此，这个时代的一些共同的先进理念在对话教学中得到了很好的体现，并成为对话教学和其他一些反映这个时代的教学形态的共同特征。最后，对话教学也有属于自己的东西，那就是它是通过对话这种方式来实现的教学的目的，完成自己的使命的。

### 1. 民主的教师、平等的主体

"民主、平等是对话教学中的第一法则。没有民主与平等，师生之间是无法对话的"[1]。民主从字面上来理解就是让人民来做主，对话教学是民主的教学，体现在教学中打破了教师在教学中的垄断地位，让学生参与到教学的设计和管理中来。具体来说，首先是学生在教学中有了表达权、发言权，课堂不再是教师的"一言堂"，在教学过程中教师尊重学生提出的合理建议，及时对教学作出相应的调整；其次是学生有了评价权，对问题的答案不是一切都由教师说了算，学生有权力保留自己的意见和看法，教师也学会了倾听，教师不强迫学生服从自己的意见；再次，学生有了人格权。教师不用损害学生尊严的方式来批评学生，更没有权力随意体罚学生，即使学生在犯错误时教师也本着"以学生发展为本"的宗旨，用学生可接受的、符合学生身心发展规律的方式来引导学生。

平等是一种被广泛接受的理念，内涵丰富，但是具体落实在哪些方面却是众说纷纭。对话教学所体现的平等并不是绝对的平等，因为从客观上来说，师生之间实际上是一种不对等的关系。在教学过程中，这种平等

---

[1] 刘庆昌：《对话教学初论》，载《教育研究》2001年第11期。

主要体现在两个方面:首先是师生的权力——表达权、评价权和人格权的平等;其次是在真理面前人人平等。教师对学生正确认识的尊重,不仅意味着对学生的尊重,更是一种对真理的尊重,同时也是教师民主情怀的一种体现。这种平等也是一种相互的"自我实现",学生因实现了自我而感到了教师的可亲、可敬,同时教师也因学生的成就而拥有了职业的自豪感,实现了自己的专业发展。

**案例1.7**

**《穷人》一课的教学片断**

师生交流的话题:课文的主要人物桑娜和渔夫是怎样的人?

生1:桑娜很勤劳,把屋子收拾得干干净净,把食具擦洗得闪闪发亮,这么晚了她还在补一张破帆,可见她很勤劳。

生2:桑娜心地善良,她自己一家吃不饱,穿不暖,还把邻居西蒙的孩子抱回家来抚养。可是我觉得她太胆小怕事,她抱回孩子后那么忐忑不安,生怕丈夫回来会打她。

生3:我不同意桑娜胆小的说法,反而觉得她很勇敢,你看,她明知道这样做,丈夫会打她,但她宁愿挨打,敢于坚持正确的,这需要勇气。

……(争论继续进行,双方各持己见)

师:同学们都有自己独特的感受,有自己的思想和见解,让我们以启蒙思想家伏尔泰的一句名言共勉——"我坚决不同意你的意见,但我誓死捍卫你发表意见的权力。"

师:大家再找找看,桑娜和渔夫有什么共同之处?

生:(齐)乐于助人。

师:我们的同学也是乐于助人的,上次的捐款活动就让老师深刻地体会到了这一点。可桑娜和渔夫的乐于助人和我们有什么不同?

生:我们捐款,不影响自己的生活,而桑娜和渔夫收养了西蒙的两个孩子后,要受一辈子的苦。

生:桑娜和渔夫是宁愿自己吃苦,也要帮助别人。

师:对这一点你们的看法呢?

生:(齐)同意。[1]

---

[1] 董丽霞:《语言的交会,心灵的交流》,载《福建教育》2003年第7期。

在对话教学中，师生之间和学生之间存在不同的意见是正常的，但是在传统的教学中，这种正常却遭到不正常的方式的压制，课堂里只存在一种声音——教师的声音，有时甚至也不是教师的声音，而是教参的声音。这是由于师生权力不对等造成的，这个案例中教师以伏尔泰的名言表明了自己的态度，即课堂中每个人都有表达自己意见的权力，不管是教师自己还是优秀学生，抑或所谓的差生。不过，在当下的教学改革中，我们也要防止另外一种倾向，部分教师因为害怕自己被扣上一顶"满堂灌"或"填鸭式"的帽子，在课堂中自己尽量少说，而变着法子让学生多说，让课堂热热闹闹的好看；有的教师无论学生说什么，都一概"真棒"，赞誉有加，这是让教师的发言权廉价的贬值，放弃了教师应有的权利，也是有违对话教学的初衷的。

在对话教学中，教师、学生、文本之间的对话不是"做秀"也不是"放羊"，而是一种在民主的氛围中的平等交流。

### 2. 共通的话题，开放的情境

对话教学是围绕一个话题展开的，虽然对话教学不仅限于师生之间的言语交流，但无话可说的教学不是对话教学。对话教学中有师生共同的话题，"知识退居到'谈资'的位置，问题上升为学习活动的核心。"[①]

学习活动不同于毫无目标地畅谈，它应有自己的聚焦和兴奋点，也就是说，对话教学要有自己的话题，这些话题有些是教师根据学生的需要精心设计的问题，但大多是师生在教学过程中，比如在讨论中、在争论中、在与文本进行对话时偶然生发出来的，这不是一些静态的话题，而是动态生成的话题；它也不是一些封闭性的问题，而是一些没有固定答案的开放性话题。对话教学的课堂在民主、平等的思想指导下，呈现出开放、和谐的课堂生态，师生彼此敞开心胸，由传统教学的单向传授转变为双向互动。在这种情境中，学生不再对教师唯唯诺诺，不再是看教师的眼色行事、胆小怕事的"可怜虫"，他们有了自己的问题，有了自己对问题的独特看法，而且最重要的是他们能自由地把自己的想法表达出来，而不必担心教师的讽刺和挖苦，以前是学生不敢说，也不会说，而在对话教学的过程中，学生不仅敢说，而且还会说，善于说。思

---

① 陈顺洁、华卜泉：《对话教学：概念与要素》，载《现代中小学教育》2003年第2期。

考问题，表达自己，已成为学生正常的课堂生活。

### 案例1.8
### 《抬驴》教学片断

师：老人和他的儿子在路上先后碰到了三个人，这三个人对老人和他的儿子如何骑驴都有各自不同的看法。老人听了他们的话不断地改变着骑驴的方式，结果如何呢？我们一起来读一读课文中的最后一节。

生：结果是老人和儿子抬着驴走，走到桥上时，那驴难受极了，拼命挣扎起来，弄得人和驴全都掉进河里去了。

生：我有一个问题弄不明白，当老人和儿子抬着驴向前走的时候，为什么驴早不挣扎晚不挣扎，偏偏在过桥的时候挣扎，落得个连人带驴全都掉下河去的下场呢？（学生提问触及的恰是本课匠心独运的构思问题，正因为这个故事有着充满戏剧色彩而又极富讽喻意义的巧妙布局，才使它脍炙人口、代代相传。可是这些道理一时半会儿跟八九岁的孩子怎么说得清楚呢？）

师：刚才这位小朋友能提出这样的问题，看得出，他是个爱动脑筋的孩子。大家一起来想一想、议一议：如果人和驴不掉进河里，会出现怎样的情形呢？（学生群情激奋，议论纷纷）

生：如果老人和儿子不掉进河里，有人看到他们抬驴，会笑他们不但放着驴不骑，还抬着驴走，简直太傻了，然后劝他们赶紧骑驴。可是，这驴到底让谁骑呢？老人和儿子摸着脑袋，不知怎么办才好。

生：不管是老人骑驴，儿子骑驴，还是两个人都骑在驴上，处于不同情况下的过路人见了都会产生不同的看法，这个故事就会重复前面的情节，而且永远也写不完了。

生：老人在路上一听别人怎么说，自己就怎么做，从来不想一想人家为什么会这么说，他这样盲目听从别人的话，自己没有主见，摔到河里是对他的惩罚。等他爬上岸来头脑清醒后，就不会干蠢事了。[①]

"让学生说话，不是师生对话的全部，但它是实现真正意义上的对话的基础，是实现师生沟通的条件。让学生说话首先需要教师为学生创设民主、和谐的课堂氛围，保护学生的心理自由和安全，只有这样，学

---

[①] 王芳：《善待学生的奇思妙想》，载《江苏教育》2002年第9B期。

生才会展示自己的内心世界。才会勇于表现自我。"[1] 教学情境是一种社会情感气氛，主要是指教学过程中的师生的情绪状态，它影响着群体的精神与价值以及每一个学生的内心世界，教师的行为决定了教学情境的质量。从师生的心理感受角度来看，教学情境可以分为支持型情境和防卫型情境两种，支持型教学情境的特征是：①自信与信赖；②宽容与主动；③自发型与多样化。在这样的教学情境中，师生无需担心集体压力与他人眼光，不拘泥于惯例与常规，有利于培养创新意识和创新能力。防卫型教学情境的特征是：①恐惧与不信任；②控制与服从；③策略与操作。在这种教学情境中，学生处于不安状态，担心受到攻击，倾向于较为安全的常规活动。[2] 支持型的教学情境是一种开放的情境，师生彼此心灵敞开，相互吸收，相互包容，和谐发展。

### 3. 在交往中沟通，在对话中理解

雅斯贝尔斯认为："人与人的交往是双方（我与你）的对话与敞亮，这种我与你的关系是人类历史文化的核心，可以说，任何中断这种我与你的对话关系，均使人类萎缩。"[3] 对话教学的特色之处体现在"对话"这个词上，它既是指通过对话来进行教学，也意味着通过对话来培养一种对话意识、对话精神，概言之，就是"通过对话，为了对话"。对话不仅体现了教学的本质，也是师生在教学过程中的一种生存状态，而它最后的落脚点应是一种新型的师生关系，这种新型的师生关系就体现在师生日常的课堂交往中。但师生的课堂交往不总是真实而有效的，其中也不乏虚假的交往。传统课堂中，教师的言语行为统治着课堂，学生大部分时间在扮演听众和观众，而对话教学正如陶行知先生所说的，解放了学生的嘴，解放了学生的手，解放了学生的大脑，师生之间开始有了平等的人与人之间的交往。

当然，对话教学改变的不仅仅是师生关系，也改变了同学之间的关系，改变了师生与文本的关系。教学是一个教师、学生、文本之间多向沟通的过程，其中，师生交往方式的转变给整个教学带来了生机和活

---

[1] 傅道春、齐晓东编著：《新课程中教学技能的变化》，首都师范大学出版社 2003 年版，第 37 页。
[2] 傅道春、齐晓东编著：《新课程中教学技能的变化》，第 160~161 页。
[3] 雅斯贝尔斯著，邹进译：《什么是教育》，三联书店 1991 年版，第 2~3 页。

力，最直接的效果就是师生之间、生生之间、师生与文本消除了误解，达到了更好地理解，使教学质量和教学效果得到了很大的提高；而最有价值的收获是师生、生生、师生与文本之间的关系获得了全面地提升，民主、平等的对话精神逐渐养成。

**案例1.9**

### 老师是一只青蛙

那是个阳光灿烂的日子，同往常一样，我们又该学习新课了。不同的是，有许多老师来听课。

学习的课文是《坐井观天》，一切都在有条不紊地进行着。以前，每学完这课，为了培养同学们的创造性思维，我都要让他们根据课文内容展开联想，以"青蛙跳出了井口了"为题进行说话写话训练，效果非常好。按照惯例，学完新课后我又一次让同学们想象：青蛙要是跳出了井口，将会怎样呢？同学们的学习兴趣又一下子被激发起来，有的和同桌互说，有的前后同学凑在一起争论，还有的仰起小脸在思考。

待教室平静下来后，我开始点名叫学生回答。李梦说，青蛙跳出井口后，看到了无边无际的大海，海涛声吓得它忙向小鸟求救。王婉佳说，青蛙看到了高高的山峰和一眼望不到边的田野，田野里开满了五颜六色的花儿，上面飞着蝴蝶和蜜蜂，它觉得以前的日子都白过了。孙艳蔷同学竟然让青蛙坐上了飞机去环球旅行，青蛙一下飞机就对小鸟说："不看不知道，世界真大啊！"听课老师都被她的话逗笑了，我也没想到她会把正大综艺的广告词"不看不知道，世界真奇妙"改用得这么恰当。

张雨是新转来我班的学生，我看到她把手举得高高的，便点了她的名。她站起来说："青蛙从井里跳出来，它到外面看了看，觉得还是井里好，它又跳回了井里。"同学们听了哄堂大笑，我也笑了。我打断了她的话，问大家："是井里好，还是井外好？"我示意张雨坐下，随口说道："我看你是一只青蛙，坐井观天。"之后，我又让大家把自己想的和说的写出来。

在批阅同学们交上来的作业时，我看到了张雨续写的故事：青蛙跳出井口，它来到一条小河边，它累了想去喝口水。突然，它听到一声大吼："不要喝，水里有毒！"果然，水上漂着不少死鱼。它抬头一看，原来不远处有一只老青蛙在对它说话。它刚要说声谢谢，就听到一声惨叫，一柄钢叉已刺穿了那只老青蛙的身子，那只老青蛙痛苦地挣扎。青蛙吓呆了，这外面的世界太可怕了，它急忙赶回去，又跳到了井里。还是井里好，井里安全啊！

  我的心被震撼了。河水里常漂有死鱼，菜市上也常有卖青蛙的，这都是有目共睹的，让青蛙跳回井里又有什么不好？可我却没有给她一个发表自己观点的机会。倘若让她把话说完，不仅同学们不会说她，而且也将给我的课堂增添一抹亮色。我不是要培养他们的创造性的思维吗？可我竟然说她是一只坐井观天的青蛙。孩子的心灵就像井外那多彩的世界，需要跳出来的恰恰是自以为是的我自己！

  于是，我在张雨的作业下的空格里工工整整地写下一句话："对不起，老师是一只青蛙。"①

  在基础教育课程改革大潮的冲击下，传统教育的"满堂灌"现象得到了很大的改观，课堂中原来呆板、僵硬的教学变得活泼起来，但是也出现了一些问题，部分教师由于没有很好地理解新课改的精神，以为课堂中只要让学生多说，课堂气氛热烈就行，而不去在教学的深度上下功夫，从而导致课堂交往走向形式化，部分教师热衷于"做秀"，在一些浮华的形式背后仍是教师对课堂交往的垄断和独裁，学生发言必须要举手，而举了手的学生还要是教师心中早已"预定"了的答问高手；教师还垄断着问题的标准答案，与答案不符的回答，经常要遭受随时被剥夺发言权的命运，使对话戛然而止，同时也可能使一种创新遭到粗暴的扼杀。有研究者概括了虚假的课堂交往，可能产生的一些不良后果：①学生的主动性被压抑，主体性得不到尊重，因此他们会越不愿意参与课堂教学，其人生态度久而久之也会呈现消极的特点；②由于没有了学生的积极参与，课堂教学缺少了师生的交流与沟通，缺少了生机与活力，却多了一些僵化与机械化；③教师的教学因失去创造性智慧，职业性增强，专业性降低。②当然上面这个案例中的教师很快意识到了自己对学生的误解，不仅进行了深刻的反思，而且有勇气向学生承认自己的错

---

  ① 傅道春、齐晓东编著：《新课程中教学技能的变化》，第29~30页。
  ② 郑金洲主编：《基于新课程的课堂教学改革》，福建教育出版社2003年版，第40页。

误，已实属难能可贵，也使师生的交往有了实质性的突破，因此，对话教学也是促进师生个人修养良好途径，具有道德和伦理的价值。

## （四）对话教学的类型

对话教学主要发生在教师、学生和文本之间。其中，文本不仅是师生对话、生生对话的内容，而且能以主体的身份与教师和学生展开对话，因为文本不是一堆呆板的、僵死的符号，它由作者赋予了生命，体现作者的认知、情感与生活背景，或者说，它是以作者的身份在言说的。如果这一点是可以接受的话，那么，对话教学就可以看作是教师、学生、文本三者之间的灵魂相遇与精神交流。从对话主体的角度来看，对话教学可以有以下四种类型。

### 1．教师－学生的对话

教师和学生在教学中是两个相互依存的主体，是两个能说话、能交流的鲜活的行为主体，无论是言语对话还是非言语对话，教师和学生都是主角。在对话教学中，师生关系已不是"我—它"关系，而是"我—你"关系。在这种关系中，改变的不仅仅是学生的地位，即学生由物性的"它"，变成了人性的"你"，而且教师这个"我"也发生了根本的改变：前一个"我"将学生看作客体，是需要教师去征服、去塑造的对象，学生只不过教师手中的橡皮泥，或者是一张供教师绘画的白纸，怎么塑造和描绘是教师的事，学生只有被动的接受；而后一个"我"则已有本质的不同，教师将学生视为与自己一样具有生命的尊严和价值的独特个体，学生有能力在教师的引导下发展自己。

在对话教学中，学生与教师的平等对话并不是教师的"施舍"或"赠予"，而是基于一种教学理念的转变，一种对话意识和对话精神的觉醒。在教学中，教师自觉地关注学生情感表达的需要，并在学生发言时认真倾听他们的意见和感受，但教师也不是"袖手旁观"，让学生无目的、无方向的"畅谈"，他也要适时地引导、恰当地介入，使对话活而不乱，有的放矢。当然，教师也不是一定要说服学生，一定要强求对话结果的一致性，只要使问题得到聚焦，使对话或讨论的过程充满了启发和意义，结果是否一致性并不重要。

在师生对话中，师生之间不仅有言语行为的交往，也有非言语行为的交流，师生之间已达成了一种情感上的默契，学生的喜怒哀乐教师一看便知，教师的一颦一笑，学生也心领神会，教师对学生的责备与惩罚逐渐为师生之间朋友式的关心和帮助所代替，学生和教师偶尔的过失将会变成一种新的教育契机和教学资源。

### 2. 学生－学生的对话

在传统的教学中，学生之间基本上没有实质性的交往和对话，有的多是学生之间抑制不住的窃窃私语，于是便有一条课堂纪律——上课不许讲小话，学生一律面向教师，尽力去迎合教师的标准答案。在对话教学中，这一切都发生了根本性的变化，学生与学生之间的交往表现出一些新的特征：①时间上有宽度。课堂教学时间的结构得到了合理的调整，把课堂40分钟的大量时间还给学生，增加学生相互之间直接交往和协作的集体学习时间；②空间上有广度。传统的"秧田式"的座位安排被改变成"马蹄型"或"新月型"、"方型"或"圆型"、"模块型"，等等，这些空间的安排形式有利于对话地开展，便于组织生生互动；③气氛上有热度。生生之间的对话让学生意识到在学习中表达自己的意见、贡献自己的智慧是每个人的责任，这不仅是对自己负责，也是对同伴负责，只有同学之间的相互交流、相互补充才能共同提高。

以往的课堂往往是一种精英学生的课堂，师生之间的交往常常被几个好学生所专享，其他学生则只有沉没在自卑和淡漠中，久而久之，他们放弃了对教师的希望，同时也失去了对这位教师教授课程的兴趣，放弃了各学科均衡发展的努力。一遇到这样的课堂，他们便自我关闭，自我退缩，把思考、表达和质疑的权力自动放弃。在对话教学中，教师自身发生了很大的变化，他面对全体学生来组织教学，而不仅是简单地提一些封闭性的问题来检验自己的教学效果。同时，他增加了开放性的问题在课堂中的份量，将问题的解决交给学生自己去探讨，这样便为学生创造了相互之间对话的机会。这种对话是一种非精英式的讨论，也许在书中找不到现成的答案，更不是一些记忆性的知识。学生之间面对面的讨论给予了他们表现的机会，在同学之间的小组讨论中，他们没有了与教师单独对话的紧张和拘束，而是有了发表自己意见、贡献自己智慧的责任感，他们互相发表自己对问题的独特感受，通过成员间的交流、沟通，他们相互启发、相互补充，以至于对问题的理解也远远超出一个人的水平；而随后的小组之间的再次交流，使学生更进一步感受到同学之间思想碰撞、灵感涌现的魅力，他们也重新认识了自己的潜力。这样的课堂是全体学生的课堂，原来被冷落的学生重新回到了同学中间，回到了对话之中，从课堂的失语者转变为充满活力的课堂中不可或缺的一份子。

### 3. 学生－文本的对话

文本自己是不会说话的，但文本是有思想的，文本背后也有主体，也需要学生去理解、去领会。"当对话发生在现实的理解主体与符号化的历史'文本'之间时，符号化的历史文本并不是死的东西，同样是过去时代主体思维与意识的产物，有它的独特视界，当理解者试图去理解它时，它就像一个活生生的'你'，在对人说话。"[1] 文本并不是死的，它是经过精挑细选的人类知识的精华，对学生的成长和发展具有重大的意义，而这种意义只有通过学生对文本的解读、体验、领悟，才能真正为学生所接受，文本也才能真正体现其内在的价值。

学生与文本的对话过程，由低到高可分为三个层次：首先是正确的阅读。它包括读准文本的字音，弄清词义，对疑难字词要借助工具书进行较深入的了解，在此基础上掌握文本的大意。其次是准确的解读。它建立在正确的阅读的基础之上，它包括准确地解读文本作者的思想与感情，能根据语境揣摩语句的含义，能对文本做出准确的分析判断。第三是有创意的理解。它意指学生对文本的品评与鉴赏，表现在学生不仅能准确地解读文本作者的真实意图，还能从中获得自己的独特的体验和启迪，使文本与学生的生活经验相互交融，彼此结合，产生情感上的交流和对话。在传统教学中，学生与文本之间缺乏对话，学生与文本的关系大多只停留在第一层次或者第二层次，文本仅作为知识的象征，是学生努力要去背诵、掌握的对象。在对话教学，不是文本统治着学生，而是学生占有了文本，文本不再是学生沉重的学习负担，而是学生对话的朋友。

---

[1] 夏正江：《教育理论哲学基础的反思——关于"人"的问题》，第302页。

**案例1.10**

### 让学生与"陈奂生的老婆"对话

师：今天我们学习《陈奂生上城》。小说的结局，我们已经知道，陈奂生担心他老婆要跟他算账。回到家，他肯定要交给老婆一本账。这本账应该怎么交代呢？

生：收入——卖油绳七元七角；支出——付房钱五元；买帽子二元五角。

师：这一系列经济活动，分别是在什么活动场所发生的？

生：火车站、招待所、百货公司。

师：其中正常的买卖行为是在火车站和百货公司发生的。卖油绳、买帽子是陈奂生事先计划好的事情。可是现在情况有了很大的变化，在招待所多花了五元钱。他在向老婆交账的时候，该如何解释呢？

[点评：以算账的方式导入，一可点燃学生的求知热情，二可化繁为简，抽出本文的关键内容，使学生很快整体把握全文，三可自然地引出下文对"情节安排的巧妙"这一特点的探究。]

师：现在请一位同学扮演陈奂生，向他老婆解释。如果他老婆说："你疯了，竟然住进这么高级的招待所！"那么你怎么解释呢？

生：老婆，你听我说，不是我要住的，我是不得已啊！今天上城，考虑不周到，没有带钱，原先只想卖了油绳赚了钱再买帽子。没想到油绳未卖之前商店就打烊了。帽子没有及时买，光着头感冒了——最近老是伤风打喷嚏，你又不是不知道！后来迷迷糊糊地在火车站的椅子上睡着了，等我醒来一看，我住进了招待所。你问我为什么要住进招待所，那要问县里的吴书记哩——就是那个秋天在咱们生产队蹲了两个月、在咱们家吃过一顿饭的吴书记！是他用吉普车把我送进去的。昨天晚上将近十二点钟时，吴书记正好也来火车站，他要去省里开会，无意中发现了我躺在椅子上，认出了我，然后帮我看病，最后把我送进他们的招待所。

师：刚才的发言太精彩了！他看书非常仔细，复述得很好，特别是抓住了"偶染感冒"、"巧遇书记"两个关键性的情节。除此之外，本文构思的巧妙还体现在哪些情节上呢？

生：火车站这个地点安排得真是巧妙，因为这里油绳好卖，这里有茶水，有长椅，使陈奂生巧遇吴书记变得合情合理。

生：买帽子也是一个巧妙的设计，这可以折射出"今天"生活的改善。生活的改善，使他"今年好像变娇了"，寒流一来就"缩头缩颈，伤风打喷嚏"。要买帽子，但油绳还没有卖出去，没钱，帽子买不成，所以才会"偶染感冒"。

生：卖油绳本身也是一个很好的设计。卖掉油绳，身上连本带利，大概八块，这样五元的房钱既付得起而又让陈奂生心痛不已。从而引出他复杂的心理活动。

[点评：紧扣导语，以算账时老婆的惊讶导入。通过扮演，让学生以第一人称"我"的身份走进故事，使复述能够有目的、有重点地进行，从而不知不觉地揭示出本文的情节特点。由于问题设计得好，学生参与热情很高，显示了很强的互动性。]①

## 4．教师－文本的对话

教师比学生年长，具有更为丰富的生活经验和知识素养，因而对文本的理解也会更为深刻和透彻。但是，在传统教学中，教师失去了个性，甚至对文本的理解也是以教材或教参为标准的；而追求考试成绩和升学率的教学取向，更使教师不敢对文本进行自己的解读，教师总是认为，文本就是固化的、供考试用的知识，只要将它们背下来、能让学生在考试时复制出来，就是掌握它们了。于是，他们认为，自己的任务就是帮助学生抓住重点，为学生划定可能的考试范围；孰不知这样的做法完全背叛了文本，文本的内在价值和生命力遭到了忽略和扼杀。

在对话教学中，教师在文本面前成为平等的主体，教师在认真钻研文本的同时，也带有自己的特殊体验，使自己的教学源于文本，又高于文本。具体表现为：一是教师将教材和教参只看作是教学过程中的一种"文本"，而不是一种教学的"蓝本"，教师有自己对文本的独特感受和理解；二是教师不再将文本仅视为考试的材料或僵死的、只供背诵的文字符号，他带领学生去与文本作者交流，去了解文本作者的生活与思

---

① 李仁甫、居正中：《让学生与"陈奂生的老婆"对话》，载《语文教学通讯·高中刊》2004年第2期。

想，让文本恢复了其本来面目，他会发现原来文本作者也有一张生动、可爱的脸，也渴望与人交流，被人理解。

## （五）对话教学的意义

### 1. 赋予教学以新的思维方式：从对象思维到关系思维

传统教学是"独白式"的，有研究者将这种"独白式"教学的实质总结为："忠诚于学科，却背弃了学生；进行着表演，却没有观众；体现了权力，却忘记了民主；追求着效率，却忽视了意义。"[①] 从上面我们可以看出，独白式教学是近代科学技术飞速发展的产物，科学知识对自然界的巨大改造力和对人们物质生活的巨大促进，使人们将科学知识视为最有用的知识，谁掌握了它，谁就能成为未来的主人，于是学校和教师便义不容辞的担负起这一重任。为了让教师高效地给学生传授知识，教师便被授予对学生监控的权利。因此，传统的教学是一种教师自我中心式的专制教学，他们关心的只是知识在学生身上的复制，而不关注学生在学习过程中的感受和体验——这是一种对象思维在教学中的体现，即教师将学生视为要去塑造的对象，怎样塑造由教师说了算，学生只有服从和遵守的义务，不服从、不遵守教师教育的学生就是"问题生"、"差生"，教师的权威不可侵犯，教师必须借助纪律、规范来维护"正常的"教学秩序，学生只能听话，而不能和教师对话。

对话教学首先改变的就是这种思维方式，将教学置于一种关系之中；它消解了教师的权威，开始关注教学过程中的各种关系：教师和学生的关系、师生和文本的关系、师生和教学环境的关系、教师和其他教师的关系、师生和教学管理者的关系，等等。教师不再将自己视为教学过程各种资源的占有者，而是要重视教学过程中的关系事件和关系境况，处理好与教学过程中各种因素之间的关系，与学生一起共享教学中的种种资源。学生不再是有待加工的"原材料"，不再是只能被动地接

---

[①] 蔡春、扈中平：《从"独白"到"对话"——论教育交往中的对话》，载《教育研究》2002年第2期。

受改造的对象，他们也成为教学过程的参与者、合作者，他们共同参与对文本的理解、对情境的营造、对教学资源的利用。教学从一元主体走向多元主体，而多元主体之间地对话，使教学过程不再单调和沉闷，而出现一种"复调式的对话"。

## 2．构建了一种新型的师生关系：从误解到理解

教学从本质上来说，是一种交往和沟通。哈贝马斯认为，"只有主体之间的关系才能算得上相互关系。因为主体间的关系是互动的、双向的，而主体和客体的之间的关系则是被动的，是单向的，因此不能称为相互关系。"[①]

尽管教师和学生在年龄、阅历、知识等各方面存在着显著的差异，但在一种学校这个制度化情境中，他们谁也离不开谁，缺少任何一方，就不成其为教学。教师作为成人世界的代言人，不愿轻易放弃自身的权威与优越感，这使他们难以以一种平等、民主的心态与学生交往。而学生在进入学校前，早已被灌输要尊敬师长，这种尊敬又常常被曲解为无条件的服从与听话，因而学生在走入校园后，教师便赢得了高于父母的社会地位。

在这种预设的师生关系下，教师对学生的训导和责骂已被视为自然合理的，甚至成为教师日常运用的一种教育手段，这就导致了教师在教学过程中的简单草率，他们以自己的价值取向来评判学生，从而在师生之间造成许多不必要的误解。由于这种误解，师生之间往往难以展开真实的、真诚的交往。教师戴着一付"神圣"的面具，在学生面前不显露他们真实的一面，而学生也学会了虚伪与应付，对教师缺乏真正的尊敬和朋友式的亲密感情。

**案例1.11**

**无需举手，自由发言**

"这个问题谁来回答？"教师的话音刚落，一些或许多学生便举起手，然后教师点名，学生回答，这是中小学课堂教学中的一个场景，而在上海外国语大学附属大境中学，这已是上个世纪的事了。现在教

---

[①] 余灵灵：《哈贝马斯传》，河北人民出版社1998年版，第180页。

师仍然这样问:"这个问题谁能回答?"但学生已不必再由教师"钦点",常常是教师一发问,便有十多个学生同时站起来抢着发言权。而且现在教师也不用为评判学生回答的"对"或"错"而大费周章,学生们大多会受到气氛的感染,情不自禁的站起来发表意见。这就是大境中学实行"无需举手,自由发言"后的课堂教学情景,学生们将此称为"思维的解放"。[1]

对话教学是一种新的教学形态,更是一种新的师生关系。它打破了传统的由社会预设的师生关系,强调师生之间平等的对话和理解,"对话的过程本质上是理解,而理解的过程也可以认为是对话。"[2] 随着科学知识走下神坛,人们开始意识到,拥有知识并不是人生幸福的惟一的和充分的条件,而在人与人平等交往中获得的精神愉悦才是人生的宝贵体验。教师开始"蹲下来和学生对话",学生可以不举手自由发言,教室也不再是单调的"秧田式"的布置,师生之间去掉了虚伪和矫情,而不再是一种根据教师早已起草好的剧本——教案来表演的场所,课堂成为一种生活状态,教师和学生真实地表现自己,真实地交流各自对文本的感受,教室里也有了旺旺的"人气"。

### 3. 形成了一种合理的教学方式:从复制到创造

"对话作为一种认识方式,其根本属性在于它是生产性、创造性、建设性的,而不是复制性、机械重复性的活动。"[3] 对话教学是对传统的复制式教学的反动,它重视教学中多元主体的生活背景和特殊性,对话的过程既不是一种说服,也不是一种劝导,而是一种商谈,是对话的各方从各自的"前理解"出发而达成的一种视界融合。因此,对话教学已超越了传统教学的信息传递功能,对文本的意义进行重新建构、重新生成,使文本高高在上、脱离人、控制人的情形一去不复返。

与此同时,教学过程中的师生交往出现了"多声部"的特征,由教师一个人的独奏变成了所有参与者的合奏。不同主体以各自独特的方式

---

[1] 林存华、俞海燕、杨海燕、程胜:《"无需举手,自由发言"》,载《上海教育科研》2002年第2期。

[2] 夏正江:《教育理论哲学基础的反思——关于"人"的问题》,第302页。

[3] 同上,第301页。

参与到对知识的探究中去，知识对每个人都是独特的，知识不再是强灌的、僵硬的，而是主体自我生成的，因而变得亲切和平易近人。知识在被每个个体拥有的同时，它也拥有了众多的知音，实现了其内在的价值。

在对话教学中，对话不仅意味着"共同探讨"、"分享"或"信息的交流"，而且为人们创造了一个更大的认识空间，创造出一些前所未见的新思想、新行为。这个"新"的意义并非专指"一致"的看法，它可能是由对话本身自然生发出来的光束，生发出来的灵感，让人关注于问题背后，产生新的理解。

### 4．体现了一种新的教学精神：从追求整体效率到关注个体发展

教学的发展过程是与时代同步的，在现代社会，科学技术促进了生产效率的大大提高，在"时间就是生命，效率就是金钱"的观念驱使下，教学过程对效率的追求也日渐严重，教学方法的改进，将教学过程不断步骤化、模式化、程序化，而教学手段的更新，电子技术的广泛运用，多媒体教学软件的不断开发，也使教学中的技术因素不断增加，而主观的、情感的因素不断减少，一种本是人与人交往的活动慢慢变成了人与物、人与机器的交往。这是工具理性过度膨胀的结果。人的理性已不是服务自身的和谐发展，而是局限于物质和经济的利益，人自身失去个性和独特的生活方式，盲目地攀求物质上的高消费，导致了人类精神生活的迷失，以及对理想、价值和意识形态的淡化，使人淹没于对物质的无穷贪欲之中，出现了所谓的"单向度的人"。

人类已开始意识到这一问题的严重性，对工具理性的批判，对人文理性的呼唤都是证明。人们已开始认识到，物质的丰富并不一定就会导致精神的快乐。对话教学要求教师和学生重归个体的人，要用自己的思想、自己的头脑、自己的方式与别人交往，重拾批判意识，重建自信，在与别人平等对话中找到自我，找到对知识和生活的自己的理解。"培养学生形成对话理性，引导学生对话人生，理应成为教育的一种责任和追求。"①

---

① 夏正江：《教育理论哲学基础的反思——关于"人"的问题》，第306页。

# 二、对话教学的理论渊源

## （一）弗莱雷的对话教育理论

保罗·弗莱雷是巴西著名教育家，一生致力于发展中国家的教育事业，在拉丁美洲和非洲开展了长期的教育理论和实践研究，是20世纪世界范围内最有影响的教育家之一，被誉为"拉丁美洲的杜威"。弗莱雷将传统教育概括为"储蓄式教育（banking education）"，并针对其弊病，"提出了被压迫者的教育学，建立了以培养批判意识为目的的解放教育理论"。[1]他一生著述甚多，除了早期有影响的《作为自由实践的教育学》(1967)、《被压迫者教育学》(1970)等以外，20世纪80年代以后有影响的著作还有：《教育政治学：文化、权力与解放》(1985)、《识字：阅读文字和世界》(1987)、《给克里斯蒂娜的信：对我的生活和工作之思考》(1996)等。弗莱雷的对话式教学思想，则主要体现在

---

[1] 黄志成、王俊：《弗莱雷的"对话式教学"述评》，载《全球教育展望》2001年第6期。

《被压迫者教育学》一书中。弗莱雷在揭示灌输式教学弊病的基础上,深刻阐述了对话的实质、条件与特征,进而指出教育和教学应该是对话式的,是一种对话性、创造性的活动。

### 1. 灌输式教育的弊病

弗莱雷指出,灌输式教育采用的教学方法主要是讲解,这种方法让学生只能接收、输入并存储知识,把学生变成了"容器",变成了可任由教师"灌输"的"存储器"。"教师越是往容器里装得完全彻底,就越是好教师;学生越是温顺地让自己被灌输,就越是好学生。"①

他认为,灌输式教育主要通过以下各种态度和做法,维持甚至激化了师生之间的矛盾:

①教师教,学生被教;
②教师无所不知,学生一无所知;
③教师思考,学生不用思考;
④教师讲,学生听——温顺地听;
⑤教师制订纪律,学生遵守纪律;
⑥教师做出选择并将选择强加于学生,学生惟命是从;
⑦教师做出行动,学生则幻想通过教师的行动而行动;
⑧教师选择学习内容,学生(没人征求其意见)适应学习内容;
⑨教师把自己作为学生自由的对立面而建立起来的专业权威与知识权威混为一谈;
⑩教师是学习过程的主体,而学生只纯粹是客体。②

弗莱雷认为,这种灌输式教育的所产生的严重后果首先是使学生失去了批判意识,只能成为现实世界的适应者,而不能成为世界的改造者。"他们越是原原本本地接受强加于其身上的被动角色,就越是只能适应世界的现状,适应灌输给他们的对现实的不完整的看法。"③ 其次,灌输式教育抑制了学生的创造力,把学生的创造力降到最低甚至抹杀了他们的创造力。第三,灌输式教育导致了教育的"非人性化",它把人

---

① 保罗·弗莱雷著,顾建新、赵友华、何曙荣译:《被压迫者教育学》,华东师大出版社 2001 年版,第 24 页。
② 同上,第 25～26 页。
③ 保罗·弗莱雷著,顾建新等译:《被压迫者教育学》,第 26 页。

变成了机器，因为隐含在灌输式教育背后的假设是："人仅仅存在于世界之中，而不是与世界或其他人一起发展；个人是旁观者，而不是再创造者。人不是意识的存在，确切地说，是意识的拥有者而已：空洞的'头脑'被动地接收着来自外部现实世界的存储信息"。①

## 2. 对话的实质

弗莱雷认为，"只有通过交流，人的生活才具有意义。只有通过学生思考的真实性，才能证实教师思考的真实性。"② 师生交流是通过对话实现的。作为一种人类现象的对话，其构成包括两个基本要素：反思与行动，它们是相互关联、相互作用的。真正的对话同时也是一种实践。因此，对话即意味着对世界的改造。

在对话中既要有行动又要有反思，它们不能截然分开。如果行动和反思被分开，就不是真正的对话，也就不会产生实践，因而，可以说真正的对话是一种对世界的改造。而不真实的对话，会有损于行动和反思，成为连篇空话或咬文嚼字，空洞的对话是不会揭示世界的，更不可能去改造世界。另一方面，如果仅强调行动而忽视反思，那么这是为行动而行动，是一种行动主义，它否定了真正的实践，也阻碍了对话。③

弗莱雷指出，人类的存在不可能是沉默的，人类应生活在真正的对话中，对话应是每个人平等的权利，而不能是某些人的特权。任何人不应只对其他人说话而剥夺别人说话的权利，人们说话是对世界"发表意见"，是一种改造世界的行为。他还更进一步地指出，对话是一种创造行为，人类通过对话不仅可以达到命名世界的目的，而且还可以通过对话来改造世界，获取人生的意义。"对话是人与人之间的接触，以世界为中介，旨在命名世界。……如果人通过命名世界来改造世界，……那么对话自身就成了他们获取作为人的意义的途径。"④

## 3. 实现对话的条件

弗莱雷认为，真正的对话并不是自然就会产生，要实现它，也需要

---

① 保罗·弗莱雷著，顾建新等译：《被压迫者教育学》，第27～28页。
② 同上，第28页。
③ 黄志成，王俊：《弗莱雷的"对话式教学"述评》，载《全球教育展望》2001年第6期。
④ 保罗·弗莱雷著，顾建新等译：《被压迫者教育学》，第38页。

一些必要的条件。

**(1) 对话与平等**

对话应在人与人之间平等的进行。一个人向另一个人灌输思想，而被灌输的一方只在简单地"消费"别人的思想，这样的行为并不是对话。弗莱雷认为，对话不应成为一个人控制另一个人的狡猾手段，在进行对话前，必须使被否决了说话权的人夺回自己的这种权利，不让别人说话的人是"非人性"的。

**(2) 对话与爱**

弗莱雷认为，对话是一种创造与再创造的行为，若不倾注爱是不可能实现的。爱是对话的基础，爱也是对话本身。爱意味着对别人负责，但这种负责不是控制，控制是一种病态的爱；爱是一种勇敢的行为，爱同时也是一种自由的行为，但爱不应当充当操纵的借口。相反，只有打破控制和压迫，才有可能重新获得爱，才能与别人进行对话。

**(3) 对话与谦虚**

没有谦虚的态度，就不可能进行对话。对话不能是一种傲慢自大的行为，对话中只要有一方不谦虚，自以为是，瞧不起对方，那么对话就会破裂。另外，只注意到别人的无知而从不反省自己，或自以为与众不同，而别人都是庸人；或自认为自己属于高尚的团体，是真理和知识的拥有者，而不属于这个团体的人都是没有教养的人；或自己从一开始就假设对世界进行解释和改造是英才的任务，而自己则以此为借口来逃避责任；或者自己不但对别人的贡献不欣赏、不赞扬，反而担心自己被别人取代，等等，这些都不能产生对话。

**(4) 对话与信任**

对人的信任是对话的先决要求，在与人面对面对话之前就要相信他人。"离开了对人的信任，对话就无可避免地退化成家长式操纵的闹剧。"[①] 如果把对话建立在爱、谦逊和信任的基础上，对话就成了一种水平关系，就能制造出一种互相信任的氛围，使对话双方在改造世界时形成一种更加紧密的合作关系。信任只有在对话双方相互把自己的真实、具体的想法告诉对方时才能产生，如果有一方言行不一致，信任就不能产生。

---

① 保罗·弗莱雷著，顾建新等译：《被压迫者教育学》，第40页。

### (5) 对话与希望

离开了希望,对话也同样不能存在。希望的存在是因为人总有不完善的地方,而人总是不停地探索以摆脱不完善,而这种探索只有在与他人的沟通中才能实现。与希望相反,绝望是一种沉默,是一种否定世界、逃避世界的形式。对话不可能在绝望中进行,因为如果对话双方对自己的努力不抱任何希望,这样的对话将是空洞无聊,沉闷乏味的。

### (6) 对话与批判性思维

弗莱雷认为,批判性思维认识到人与世界之间存在着不可分割的一致关系,这种思维认为现实是一个过程,是一种改造,而不是一个静态的存在;这种思维与行动紧密结合,它不像幼稚的思维那样,只是为了适应规范化的现实。"对于批判者来说,重要的是对现实进行不断改造,是为了人的不断人性化。"[①]

从以上几点可以看出,弗莱雷对真正平等的对话提出了很高的要求,同时也说明了他希望通过对话来改造世界的美好愿望。平等、爱、谦虚、信任、希望、批判性思维等等,所有这些作为人的优秀品质,既是实现对话的重要条件,同时也是弗莱雷期望通过对话达到的结果。在对话中学会对话,在对话中培养对话的精神,手段与目的已完美地融合在一起了。

## 4. 对话教学的特征

弗莱雷认为,"没有了对话,就没有了交流;没有了交流,也就没有真正的教育。"[②] 他将对话引入到教育中,是因为他看到了教育本质上就是一种交流,就是一种对话。教学不是一种灌输行为,灌输只是一种教师自上而下的垂直行为,它导致压迫、控制和虚伪,而对话教学是一种师生探究的教育,它"不是通过'甲方'为'乙方'('A' for 'B'),而是通过'甲方'与'乙方'一起('A' with 'B'),以世界作为中介而进行下去的。"[③]

### (1) 对话是师生间平行平等的交流

弗莱雷认为,交流是人类生存的重要方式,人类生来就需要进行相

---

① 保罗·弗莱雷著,顾建新等译:《被压迫者教育学》,第41页。
② 同上。
③ 同上,第42页。

互间的交流，在交流中有两个前提很重要：一是要真实地表达思想，不要说假话、废话；二是要积极地参与交流、参与社会活动。如果在交流中尽说假话，或者尽管讲的也许是真话，但却是空话，远离实际，不愿参与社会实践，那么这种交流也就失去了意义。他提出了师生间的双向性的相互交流。这种交流是一种平行、平等、民主、真实、积极的交流。在这种交流中，师生双方都是主体，为了共同的目的进行交流。

(2) 提问是对话式教学的关键

针对灌输式教育，弗莱雷提出了"提问式教育"。弗莱雷认为，对话是教育的主要途径之一，要使对话有成效，提问是关键；教师不只是知识的传递者、而更应成为问题的提出者。

表 2.1 灌输式教育与提问式教育对照表[①]

| 灌输式教育 | 对照项 | 提问式教育 |
| --- | --- | --- |
| 把现实神话 | 怎样对待现实 | 清除现实中的神话 |
| 抵制对话 | 怎样对待对话 | 实行对话 |
| 学生是等待帮助的客体 | 怎样认识学生 | 学生是成长中的批判思想者 |
| 抑制创造力，否定人性的完美 | 怎样理解人性 | 以创造力为依托，肯定现实的反思和行动 |
| 强化宿命论意识 | 怎样选择行为 | 提高"识世"能力 |
| 驯化和顺从 | 怎样认定目的 | 探究与改造 |
| 使人固化不变 | 怎样的出发点 | 人的具体历史性 |
| 权威主义和理智主义 | 怎样的理论信仰 | 人道主义的解放实践 |

在提问式教育中，师生关系发生了深刻的变化，通过对话，传统教育中的"教师"和"学生"这样的称呼都已不复存在，而新的称呼则随之出现，即："教师学生"和"学生教师"。教师在与学生进行对话中，他本身也能从学生身上学到一些东西，教师也得到了发展，师生合作共同发展。

弗莱雷认为，提问实际上是对现实问题进行批判与分析。为此，教师在提问时不能提一些形式化的问题，要提出能激起学生思考的问题，

---

[①] 董标：《哪里有压迫，哪里就应该有〈被压迫者教育学〉——试述保罗·弗莱雷的"解放教育学"》，载《比较教育研究》2003 年第 8 期。

要能激励学生自己提出问题，通过提问，学生不仅仅会回答问题，更重要的是要学会对答案提出疑问。

**(3) 对话式教学需要师生间的合作**

弗莱雷认为，在对话中，为了改造世界，对话双方的合作是十分重要的。他指出，在非对话的教学中，总有一方自视为主体，而使另一方变为客体；在对话式教学中，对话的双方都是主体，共同去揭示这个世界、去改造这个世界。因此，对话不是强制的、不是被人操纵的，而是双方的一种合作。

## （二）布伯的对话教学思想

马丁·布伯是德国著名宗教哲学家，存在主义哲学的主要代表人物，也是20世纪最有影响的教育家之一，其对话哲学在欧美思想界享誉甚高。他在哲学上的主要代表作有：《我与你》（1923）及其续篇《人与人》（1947）、《两种类型的信仰》（1950）、《善恶观念》（1952）等。布伯的对话教学思想主要体现在《我与你》和《人与人》两部著作中。布伯对话教学思想是基于对话哲学来进行阐述的，并形成其以"对话"为主线的教学观、宗教教育和道德教育、美育及成人教育思想。

### 1. 从"我—它"关系到"我—你"关系

布伯在《我与你》中开篇就指出，世界具有二重性，即"你"之世界与"它"之世界的对立；而相应的人生亦具有二重性，即"我—你"人生与"我—它"人生的对立。在"它"世界中，人把周围的人和物，都当作与自己相分离、相对立的客体，人去认识周围的世界主要是为了利用他们或为自己谋利益。因此，"它"世界是"为我所用的世界"。在这种"我—它"关系中，"我"自身被物质的利益所遮蔽，不能发现自身的价值和生命的意义。

人如果栖身于"你"世界之中，当"我"与"你"相遇时，"我"以"我"的整个生命，以"我"的真实面目来接近"你"，"我不是为了满足我的任何需要，哪怕是最高尚的需要（如所谓的'爱的需要'）而与其建立'关系'。因为,你便是世界,便是生命,便是神明。"① 因此,"你"世界是"我们与之相遇的世界"。在这种"我—你"关系中,不存在相互利用的物质关系,而是彼此的精神相遇,"我"通过"你"而存在,在与"你"的相遇中发现自身的价值。"我—你"关系被布伯称为真正的对话关系,这种关系揭示了人生的真正意义。

"我—你"的对话关系具有三个特点:

(1) 直接性。布伯的对话哲学强调"你—我"关系的直接对话本质,他说:"与'你'的关系直接无间,没有任何概念体系、天赋良知、梦幻想象横亘于'我'与'你'之间。……一切中介皆为阻碍。""在关系的直接性面前,一切间接性皆为无关宏旨之物。"② 也就是说,在"我"与"你"相遇时,不掺杂任何个人意图和目的之类的中介手段,去达到一种真正的直接关系。中介即某种达到目的的手段,因此任何中介都会使"我—你"关系失去真实性,而使我们迷失于中介之中。"布伯用'直接性'彻底否定了'关系'中的'中介',并用直接关系取代了间接关系。"③

(2) 相互性。布伯坚持个体的发展只能在构成人存在的各种关系之中得以完成,如学习和认识的关系、教与学的关系、继承与创造的关系等等,而所有这些关系最终都被人与人之间的相互的"对话"关系所限定。"关系是相互的,切不可因漠视这点而使关系意义的力量亏蚀消损"。④ 在"我—它"关系中只有"我"对"它"单向的主动作用,"我"是主动的,"它"是被动的,"它"对"我"没有回应。这表明"我"与"它"之间没有进入关系的领域,即没有相互性。只有"我—你"才建立关系世界。在"我—你"关系中,双方是自由的、平等的、相互的。

(3) 动态相遇。布伯对话哲学中的"我—你"对话关系,实质上是一种精神上"相遇"的关系。他说:"'你'与我相遇,我步入与'你'的直接关系里。""凡真实的人生皆是相遇。"⑤ 相遇就是我与你相会于

---

① 马丁·布伯著,陈维刚译:《我与你》,三联书店2002年版,第6页。
② 同上,第10页。
③ 米靖:《马丁·布伯对话教学思想探析》,载《外国教育研究》2003年第2期。
④ 马丁·布伯著,陈维刚译:《我与你》,第6页。
⑤ 同上,第9页。

时间的当下，面对面的在场。相遇是相互沟通的保障，并为对话创造了契机。在相遇中，人们弃除惟我独尊，向世界敞开，进入无限的关系世界。

布伯说，"关系实现于'我'与'你'之间"。布伯强调"之间"表明，他的出发点不在"我"，也不在"他者"，而是在"我"与"你"之间。这样，"我"与"你"虽可以结合在一起，但不会变成一个事物。它时时提醒人们自我不是封闭的，在"我"之外还有"他者"，"他者"与"我"有着天然的亲密关系，而意义和精神的升华就是在这"之间"确立的。"人无'它'不可生存，但仅靠'它'则生存者不复为人。"①

"之间"的最好体现当然是"对话"。"对话"使你与我既保持各自特点，又使我们联系在一起，这中间始终存在着一种张力。这种观点既颠覆了近现代的主体性哲学，又决不回到整体主义之中。"我"与"你"有联系，但并不淹没于整体中而丧失自身。

静态地看，布伯强调"之间"，而动态来看就是"相遇"。如果仅仅只有主体对对象的认识和利用，就谈不上是一种"相遇"。"相遇"指的是在一种平等的境域中，异在的东西与"我"的照面，这就使"我"超出自身，处于世界之中，而非固守自我之内。"相遇"还意味着，在"我"与"他者"的关系中，自我并不能起支配作用，一种真正的相遇"决不依靠我但又决不可脱离我"。

所以在"相遇"中，人们应该根除惟我独尊的虚妄本质，抛开"占有"的欲念，使人从容地步入关系世界，"相遇"的概念使布伯进一步脱离自我主义，它使"我"向世界敞开，接受生命中所遇之物，从而形成一无限的关系世界。②

## 2. 对话与独白

布伯在《我与你》中提出了"我—它"与"我—你"两种关系模式的思想，在《人与人》一书中这种思想得到了具体的展开。在布伯看来，对话并不是人们通常所说的交谈，他把对话分为三种：真正的对

---

① 保罗·弗莱雷著，顾建新等译：《被压迫者教育学》，第 30 页。
② 孙向晨：《马丁·布伯的"关系本体论"》，载《复旦学报》（社会科学版）1998 年第 4 期。

话、技术性的对话和装扮成对话的独白。真正的对话与我们日常的谈话不同,"无论是开口说话还是沉默不语,在那里每一位参与者都真正心怀对方或他人的当下和特殊的存在,并带着在他自己与他们之间建立一种活生生的相互关系的动机而转向他们"。① 技术性的对话"单纯是由客观理解的需要所激起"②,是为了帮助和促进对话者之间的理解而产生的。而在装扮成对话的独白中,"即刻就相遇的两个或更多的人各以曲折、迂回的方式与自己说话,但却想象他们已逃脱了被抛入自己打发时光之境的痛苦。"③ 也就是说,在这种"对话"中,各方没有达到精神上的相遇,实际上是在自说自话,却又不得不痛苦地装出对话的样子。

与此相应,布伯认为:"对话人生的基本运动是转向他人。确实,这种运动似乎是时时都在发生,甚为平凡。如果你看某人,与他谈话,你转向他,当然是以你的身体,但是你的灵魂也有必要转向他,因为你将你的注意力指向他。"④ 而"独白的人生的基本运动不是与转向相对的'转开',而是'反映'"。⑤ 布伯强调,真正的对话是"转向他人"的交流,这并非指一个人身体的转向,而是要求人带着自己真诚的心灵和对意义的探寻,甚至带着疑问和惶惑,带着尊敬和自我尊敬,倾听他人的意见,看看他人都说了些什么。在对话中,我们既理解了他人,也重新理解了我们自己。如果没有这种正常的对话心理,交流就会沦为独白。

### 3. 师生关系观

布伯对师生关系的考察和分析,是在一个关于人、关于人的关系世界的较大背景中展开的。他认为,人是一种关系性存在,在实现自己对世界的改造,就必须把自己融入到一定的关系世界之中,借助关系世界的作用使自己逐渐趋于自我完善。布伯认为,教育活动是最能体现人与人关系的社会活动,师生关系本身既是人与人关系在教育领域中的体

---

① 马丁·布伯著,张健、韦海英译:《人与人》,作家出版社1992年版,第30页。
② 同上。
③ 同上,第30~31页。
④ 同上,第34页。
⑤ 同上,第35页。

现，更是教师和学生作为人而存在和发展的独特方式，具有无可比拟的教育力量。在师生关系中，师生双方既有创造，更有交往，二者相互促进，实现各自的人生。

(1) 信任：师生对话关系得以存在的前提

布伯认为，人与人之间的一种有意义的、健康的交往应该是一种"我—你"关系，在这种关系中，每个人对于他人来说，始终是一个交往主体，每个人全心全意地与他人交往，但同时都保持着各自的独立性。基于此，布伯指出，师生关系作为一种特殊的人与人之间的关系，很显然也应当是一种纯粹的、十足的"我—你"关系。但在这种关系中，基本的前提就是信任，"信任、信任世界，因为这人类存在着——这是教育中的关系最内在的成就。"[①] 在教育过程中，如果教师对学生缺乏信任，师生的对话关系就会不可避免地退化成家长式的操纵。因此，教师必须实实在在地面对学生，信任学生，把自己真实地呈现在学生面前，同时要关心学生，了解学生，将学生视作自己生命中不可缺少的一部分，这是教师对于这个世界的责任的一个焦点。只有这样，师生关系才是实在的和可持续的，也才可能有师生之间的相互性。

(2) 包含：师生对话关系的保证

布伯认为，师生之间的"我—你"关系，也应是一种"包含"关系。所谓"包含"，是指师生之间相互的理解和接纳。这种包含关系意味着师生产生一种双重感觉：体验个人本身，同时看到对方的奇特性，并予以认同和接受。布伯强调师生之间的"包含"是自我的延伸，是师生共同参与教学活动的过程，是对自我与他者的两种地位的同时理解。在师生交往中，双方都是作为真实、完整、独特的主体出现的，不同个性、不同需要、不同思想情感的教师和学生要共处于"我—你"关系中，必然离不开理解和接纳，离不开相互的包含。师生真正的包含关系表现在：教师和学生对对方来说，是一个充分的"自我"，是有血有肉的真实的人，每一方都在有意识地确认对方，也知道对方在确认自己，教师和学生对对方的观察、了解和研究，不是为了对付或利用对方，而是更好地把握"你"的独特性，从而更好地接纳，更好地与"你"相遇和沟通。

---

[①] 马丁·布伯著，张健、韦海英译：《人与人》，第141页。

这种包含是一种师生之间的相互移情，是彼此从对方的角度去理解共同的教学行动。他们面对对方时好像站在了另一方的立场，好像存在于另一方的灵魂中，存在于分享共同的活动体验和心灵感应上。但同时，布伯也指出，教师与学生具有不同的感受和体验能力。教师能够感觉和认识学生的学习，而他的教学则不能被学生完全了解。他说："尽管给与取的相互性——他凭借与他的学生发生必然联系——非常强烈，包含在这种情况中还不能是相互的。他体验学生的被教育，但学生不能体验教育者的教育。教育者立于共同情形的两端，而学生仅立于一端。"[①]在这里，布伯意指教师的认识能力与和学生的认识能力，由于知识与经验的差别，是属于不同的层面的，是一种不能完全相互包含的方式。"教育关系包括师生的相互意识和单面性的包含关系。相互性使教育关系成为可能，因为它使学生信任教师并与之接近；单面性保持教育关系，因为它在参与者之间保持距离。最后，距离保证单面包含的持续，而且因此阻止了教育关系的破裂和向友谊关系的转化。"[②]布伯指出，正是这种同时存在的距离与亲密的二元性表达了师生关系的真实性。

(3) 共享：师生对话关系的本质

布伯认为，师生之间的"我—你"关系，还应是一种"共享"关系。所谓"共享"，是指师生作为独立的自我相遇和理解，并且共同在教育中摄取双方创造的经验和智慧。布伯强调，师生之间所产生和形成的一切，既是师生交往的结果，也是师生共同面对和分享的成果。虽然在教育活动中，从表面看来，受益的只是学生，但实际上，师生是共同的受益者。这是因为，师生时时处在共享关系中。"对于我们——创造物来说，认识就意味着我们中的每一位在真理与责任中的实现，是通过我们以我们所有的力量，诚挚地向世界和精神敞开，接受存在者展示给我们的一切，并将它溶入我们自身的存在之中。由此，活生生的真理产生了，并持续存在，我们已意识到这种真理伴随着他人正如伴随着我们。[③]"这种共享，既是文化共享，即师生双方通过对话沟通获得新知，

---

① 马丁·布伯著，张健、韦海英译：《人与人》，第144页。
② 米靖：《马丁·布伯对话教学思想探析》，载《外国教育研究》2003年第2期。
③ 马丁·布伯著，张健、韦海英译：《人与人》，第142页。

共同提高；也是责任共享，即师生共同承担教学任务，共同为教学成败负责；更是精神共享，即师生相互传递、理解和感受同一种精神体验。

信任、包容、共享的师生"我—你"关系，是平等、理解、双向的师生关系。这种关系的形成，不仅是教育发生的背景，它本身更是具有教育意义的活动，它使教育从性质上真正成为师生共同相处的教育，更成为使学生学会建立自己与他人及外界的关系，获得从学校进入社会的知识、精神和智慧的教育。

## （三）巴赫金的对话理论及对教学的意义

米哈依尔·巴赫金是苏联哲学家、美学家和文艺理论家，是20世纪最具影响力的思想家之一。巴赫金的学术研究涉及的领域非常广泛，几乎触及了人文科学的所有领域，包括哲学、诗学、语言学、文艺学、人类学等，尤其在道德哲学和一般美学、文化史及语言哲学方面作出了卓越的贡献。他的思想所具有的"杂语式"特点，对任何一位专家式的学者来说都是不可思议的。法国当代著名的文学评论家托多洛夫说："在20世纪中叶的欧洲文化中，米哈依尔·巴赫金是一位非常迷人而又神秘的人物。这种诱惑力不难理解：他那丰富且具特色的作品是苏联人文科学方面任何成果所无法媲美的。"[1]

### 1. 对话及对话的形式

对话理论是巴赫金对世界的存在状态、构成方式以及创生过程的总的看法和观点。无论从世界观还是方法论角度看，它都已上升到哲学的高度。巴赫金指出："一切莫不都归结于对话，归结于对话式的对立，这是一切的中心。一切都是手段，对话才是目的。单一的声音，什么也结束不了，什么也解决不了。两个声音才是生命的最低条件，生存的最低条件。"[2] 后来在《关于陀思妥耶夫斯基一书的修订》中，他又进一

---

[1] 茨维坦·托多洛夫著，王东亮、王晨阳译：《批评的批评——教育小说》，三联书店2002年版，第78页。

[2] 钱中文主编，李辉凡、张捷、张杰、华昶等译：《巴赫金全集》（第二卷·周边集），河北教育出版社1998年版，第340页。

步阐发道:"生活就其本质说是对话的。生活意味着参与对话:提问、聆听、应答、赞同等等。人是整个地以其全部生活参与到这一对话之中,包括眼睛、嘴巴、双手、心灵、精神、整个躯体、行为。"①

对于巴赫金来说,对话理论首先是而且始终是一种哲学理论,是关于人的主体建构的哲学理论。巴赫金关注的是人如何在认识自我和他人的过程中建构自己的主体。在他看来,这种主体建构只能在自我和他人的对话中实现,同时,这种对话又可以有狭义和广义两种不同的理解:从狭义来讲,对话是指说话者与对话者之间的言语相互作用的形式之一;从广义上来讲,对话则包括不同范围、不同层次的言语相互作用的形式:

①人与人之间的现实的、面对面直接大声的言语交际。这几乎涵盖了一切言语交际的形式,如生活的、认识的、政治的、经济的、文化的、艺术的、文学的,等等。

②书籍、报刊所包含的语言交际因素。这其中既有直接的和生动的对话,又有批评、反驳、接受等语言交际过程中以不同形式组织而成的书面反应:评论、专题报告、调查报告、文艺作品,等等。

③书籍、报刊等印刷出来的言语行为,涉及的内容不只是现代的,而且可以针对历史上的作者本人,还有其他人在不同领域内的过去的行为展开的语言的交流。我们阅读、研究历史流传下来的书籍、报刊以及其他形式,如竹简、石刻等显示言语交际行为的文物,实际就是在同古人、外国人进行言语交际和对话。

④扩而大之,其范围包括不同国家、不同民族、不同党派的意识形态对话和种种言语交际行为。②

巴赫金认为没有他人就没有对话,他人是自我存在的前提,但自我并不是封闭的存在,他只能存在于和他人的对话交往中。在这里,巴赫金实际上指出了,这种存在关系中的人的对话交往,是发生在主体之间的;自我在建构自身的主体性的同时,又将这种主体建构放置在对话的现实社会语境中加以实现。因而,巴赫金的对话理论克服了哲学上笛卡

---

① 钱中文主编,白春仁、顾亚铃译:《巴赫金全集》(第五卷·诗学与访谈),河北教育出版社1998年版,第386页。
② 参见李衍柱:《巴赫金对话理论的现代意义》,载《文史哲》2002年第1期。

尔的"我思故我在"的惟我论哲学思想，时时把自我主体同其他自我主体联结起来，"这种对话主义的主体建构理论使巴赫金在不丧失人的主体性的前提下，同时又将人置放在广泛的社会现实的交往中，他凭借对话理论说明了人与人之间的既独立平等又相互交往的自由关系，很好地解决了作为主体的人怎样既独一无二同时又与其他人血肉相连的问题"。[1]

### 2. 对话与语言

巴赫金的对话理论在本质上又是一种语言学理论，在巴赫金的心目中，语言是人的特性，是为人服务的。他说："语言是面向价值中心——人的。"[2] 所以他认为语言与人血肉相联，使人成为人。而在他独特的思想语境里，他进一步提出，语言的存在本质和人的存在本质是同一的，即对话性。

巴赫金创建立了自己所独有的一整套超语言学话语，这套超语言学话语是以"言词"、"言谈"和"情境"这三个概念为基础的，而这三个概念的核心语言观即是对话性语言观。"言谈"和"情境"在巴赫金的超语言学理论中是互为说明的。在传统的结构主义那里，说话被理解为一种简单的从说者到听者的接收行动，说者说，听者听。而巴赫金以为，说话，即言谈，是一种复杂的社会交往行动，它是一种双向的理解活动，说者又说又听，听者又听又说，可以说，它是说者和听者对话交往的一种基本范式。在这里，说话的人们即是处于不断的对话中的人们，"言谈"是处在这种对话情境中的产物，而"情境"便是语言的生存环境。正像巴赫金说的，"语言在日常言谈中实现于自我和他人身上"[3]，自我和他人这一人的对话哲学彻底地被巴赫金贯彻在自己的语言学理论中，而巴赫金超语言学理论的人文精神正体现在使语言走向人，走向自我与他人的社会交往中。

### 3. 复调与狂欢

巴赫金关于小说的"复调"理论主要是通过分析陀思妥耶夫斯基的

---

[1] 陈太胜：《巴赫金对话理论的人文精神》，载《学术交流》2000年第1期。
[2] 巴赫金著，佟景韩译：《巴赫金文论选》，中国社会科学出版社1996年版，第339页。
[3] 同上。

小说之后得出一个独到的认识，认为小说在未来的主流应当以复调为基本特征，呈现出开放性和未完成性。

所谓"复调"小说，也就是一种"全面对话"和"多声部性"的小说。在巴赫金看来，传统的写作借助一种书写的霸权将人完全物化和客体化，对于写作者而言，作品中的人物不过是创造出来的沉默的奴隶。他们在写作者独白思维的操控下变成失去自主性的纯粹客体："他不是自由的人，他的思想被作者替代了，作者可以直截了当地代他思索；他的话语被作者打断了，作者代他说了，作者可以随意结束他的命运"。[①] 人类生活本身所充满的对话性在这种书写的霸权中被遮蔽了。

可以说，平等的对话正是"复调"的基本前提。巴赫金之所以如此看重陀思妥耶夫斯基的小说，根本点就在于它们抓住了人的对话本质，写出了真正的人的生活关系。巴赫金对陀思妥耶夫斯基小说"复调"性的揭示和阐发，正是其对话理论在文学批评领域的具体化和深化。

"狂欢化"作为巴赫金所提出的另一个影响广泛的重要理论，同样体现了对话理论的核心价值。巴赫金指出在等级森严的官方文化之外，还有一个长期被研究者所忽视，但却十分重要的民间文化的存在。这一文化通过"狂欢节"这一民间形式对官方规范文化的颠覆，使人从日常生活中一些僵化、不可逾越的关系中解放了出来。人们之间因种种不平等而造成的隔阂，都不复存在。所有的人都既是表演者，又是欣赏者。这正是平等对话所需要的理想状态。

巴赫金心目里的狂欢世界，是一个人人平等自由、没有歧视和偏见、人们尽情展现自我的世界。"巴赫金概括出了狂欢式世界感受的四个范畴：人们之间随便而又亲昵的接触、插科打诨、俯就和粗鄙。他同时指出，狂欢世界感受的四个范畴，'都不是关于平等与自由的抽象观念'，相反，而是具体感性的思想，是以生活形式加以体验了的、表现为游艺仪式的关于平等和自由的思想。"[②] 由此，狂欢化的世界是实现巴赫金心目中平等和自由的理想的生活化的、人的世界。

总的来说，巴赫金的复调和狂欢两种理论表达的都是一个共同的主

---

[①] 钱中文主编，晓河、贾泽林、张杰、樊锦鑫等译：《巴赫金全集》（第一卷·哲学美学），河北教育出版社1998年版，第43页。

[②] 陈太胜：《巴赫金对话理论的人文精神》，载《学术交流》2000年第1期。

题：平等。从文艺中的复调到文化中的狂欢，巴赫金向我们表明的态度就是只有消除了日常生活中的话语霸权，让现实世界中的各色人种、各种声音都有机会自主地参与生命地体验，这个世界才是丰富多彩和可爱的。

### 4. 巴赫金对话理论的教学启示

巴赫金的对话理论多从对文艺作品的评价来展开自己丰富的哲学思考，他没有具体地谈到教育，但他的思想中关注的核心就是人的价值，这与教育关注的问题是一致的，因此，他的对话理论对我国当下进行的教学改革具有重要的启发和借鉴作用。

具体而言，首先我们应强调教学过程主体间对话的平等性。教学过程实质是一个人与人平等对话的过程，既然教学的对话本质强调了教师与学生相互依存的存在关系，教师和学生只有在与对方的关系中才能构成真正的生命存在，那么就只有当这种关系摒弃了一切特权和等级，才可能是真实的存在。也就是说，只有平等才能保证教学中对话各方的独立品格，也才能防止一切话语霸权对对话的阉割。从这个意义上说，平等其实就是一种深刻的独立性。巴赫金通过对话所要求的平等性，揭示了人成其为完全意义上的人应当坚持的底线。

其次，教学对话还应体现出一种积极的差异性。在一种理想的对话教学中，每种声音都以自己的独立存在呈现出来，互不混淆，互不同化，彼此在一个平面上不停地倾诉和倾听，教师独白式的、单向度的话语霸权被复调式的对话所替代，教师和学生同为对话中的一个声部，他们之间的和谐共振构成了教学中真正的对话关系。平等不意味着相同，相反正是平等与独立使得对话的差异性特征得以实现。真正的对话是多声部的合唱，其中既有商谈也有对辩论，既独立又可以交流。换句话说，差异性是教学中主体生活的丰富性在平等对话中的显现。

再次，教学对话还应是一种思想性对话。在巴赫金看来，人存在的更重要的层面是一种精神性的存在，思想作为人的精神活动的基本形态，具有真正的对话本质。这也是对话的差异性真正具有价值的根本所在。在教学中，师生存于人头脑中的想法只有在对话中才真正成为思想，思想不是生活在孤立的个人意识之中，它如果仅仅留在这里，就会退化以至死亡。教师的思想、学生的思想以及文本的思想只有同他人的

思想发生对话之后，才能开始显现自己的意义，亦即才能形成、发展、寻找和更新自己的思想表现形式，衍生新的思想。

# 三、对话教学的实施条件

作为一种新的教学形态，对话教学不仅提供了一种克服独白式、灌输式教学弊端的可能性，而且蕴含着一条通往民主、平等、自由理想的教育道路。对话不仅仅是一种手段，它也是目的本身，因此，对话教学也内在地统摄了目的与手段：对话既是教学的目的，也是教学的手段；实现"对话"目的的手段必定也是"对话"的。其实，这与杜威的教育观是如出一辙的。所以，对话教学走向实践的可能性，也就是在教学中从"对话"（目的）出发，并寻求"对话"（手段）的过程。这里涉及到两个方面的问题：一是存在着哪些现实因素，可能会制约对话教学转化为现实的可能性，或者说，满足了哪些条件，对话教学就可以付诸实施；二是如何去实施对话教学，也就是对话教学的实施过程问题。这里首先需要解决的是前一个问题。具体来说，对话教学的实施条件主要包括以下方面：选择适当的教学内容；形成和谐的心理氛围；建立对话的教学规则；寻求学校制度的支持。

# （一）选择适当的教学内容

对话教学是不是具有普遍的适用性？或者说，它是否适合于一切教学内容？众所周知，对话教学是针对"独白式"教学、"灌输式"教学提出的，但是这并不意味着对话教学就完全否认"独白式"教学或"灌输式"教学在特定教学情境下的合理性，也不意味着对话教学就能完全取代后两者，成为支配一切教学领域的教学形态。事实上，对话教学不过是众多教学形态中的一种罢了，同其他教学形态一样，也具有内在的限度。这种限度首先体现它对教学内容的特殊要求上。

## 1. 对话教学的内容要求

### （1）敞开性

所谓敞开性，是指教学内容的选择要面向全体学生。以往的教学奉行的"效率优先"的原则，因此在教学内容的选择上，通常是以中等水平以上学生的认知能力为参照点的。至于中下水平的学生，教师多是"放任自流"的，由此造成的结果是：教学活动从起点上就有失公平，放弃了对部分学生的教育责任，同时也挫伤了他们参与教学活动的主动性与积极性。在这样的教学情境中，很难发现真正意义的对话，即使有所谓的"对话"，也是发生在处于强势地位的学生与教师、文本之间。处在边缘地位的学生很难在这些教学内容中，找到属于自己的话语权，因为对他们来说，这些内容自始至终都是封闭性的、排斥性的。

这种教学内容的选择方式，与对话教学的精神是不相吻合的。教学中的对话是多方面的，既有师生之间、生生之间的对话，也有教师与文本、学生与文本之间的对话。但无论哪一种类型的对话，都是为了增进师生的相互理解与共同发展，更重要的是，为了每个学生的自主、自由、和谐的成长。如果文本（教学内容）从一开始是就把部分学生排除在外，教学过程也必然会沦为"非对话性"的，或者说是"压迫性"的，即通过文本（教学内容）的过滤，一部分学生形成了"话语空场"，另一部分学生却取得了"话语霸权"，而且后者话语权的获得是以前者话语权的丧失为代价的。由此可以想见，教学内容的敞开性对于对话教学的重要意义。

在传统的教学实践中，也不乏教师为了确保教学过程的公平，在教学内容的选择上尽量兼顾不同发展水平的学生群体，通常会采用两种策略：

①基于优势学生的补偿策略——在这种策略中，教师以发展水平中、下的学生为参照点，选择教学的内容与活动方式；同时，对发展水平较高的学生做出相应的补偿：利用课堂中的富余时间或课外实践，对他们进行提高性的辅导和训练。这是教师不太愿意采用的策略。

②基于劣势学生的补偿策略——在这种策略中，教师以发展水平中、上的学生为参照点，选择教学的内容与活动方式；同时，对发展水平较低的学生做出相应的补偿：利用课堂中的富余时间或课外时间，对他们进行补充性的辅导和训练。这是教师较为常用的一种策略。

不可否认，这两种策略在一定程度上缓解了教学过程中由于内容选择所带来的不均等，但是它们又蕴含着同样的问题：在同一教学过程中，总有一部分学生被排斥在外，因而也就得不到充分的参与机会。那么，在对话教学中，又如何解决这一问题，实现教学内容对于所有学生的敞开性呢？也就是说，通过怎样的教学内容选择与安排，才能使所有的学生都有参与对话的可能呢？概要地说，对话教学的内容必须满足以下条件：

①教学内容最好以主题或问题的形式呈现；

②这些主题或问题内含有所有学生的共同经验，以便所有学生都能理解；

③这些主题或问题应该是开放的，以便每个学生都能参与其中；

④同一个主题或问题可以用不同的方式加以表达，以适应学生发展的水平差异。

**(2) 理解性**

这里的"理解性"，主要是指教学内容要能为学生所理解。教学内容如果是学生完全熟知的，也就无理解的必要；相反，教学内容如果是学生完全陌生的，也就无理解的可能。因此，对话教学所要求的教学内容，应该具有一定的理解性，即处在完全陌生和完全熟知的两极之间。事实上，也正是这种理解性，赋予了教学得以有效展开的所有可能性。从学生的角度来看，教学内容所具有的这种理解性，也就是该教学内容对学生的不同意义。对于同一教学材料，不同学生的感知和把握可能会有程度上的差异，甚至是实质性的区别；即使是同一学生在不同的场景或发展阶段上，也会有深浅不同的认识。这种差异性正是教学内容本身对学习者的陌生性和熟悉性所决定的。例如，最初学生以为0是最小的数；引入负数以后，原先所熟知的观念受到冲击：还有无数个比0更小的数，且最小的数是无法表述的；进入数列学习阶段，学生又发现原来难以表述的概念又有了新的可能：$-\infty$。同样，学生从整数到小数、从有理数到无理数、从实数到虚数的学习，也就是学生不断游弋于熟悉与陌生之间的过程。

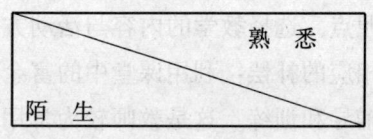

**教学内容的结构**

不难发现，这种理解性还具有心理学的基础。苏联心理学家维果茨基的"最近发展区"概念是对这种理解性的最好诠释。他认为，在进行教学过程时，必须要注意到学习者的两种发展水平：一是学习者现有的发展水平，即由一定的已经完成的发展系统所形成的学习者心理机能的发展水平；二是学习者可能或即将达到的发展水平。维果茨基把这两种水平之间的差异就成为"最近发展区"。它表现为学习者"在有指导的情况下，凭借成人的帮助所达到的解决问题的水平与独立活动中所达到的解决问题的水平的差异"。从这一观点来看，有效的教学应该是发展性的，即最大程度地实现每个学生发展可能性。换言之，这样的教学决不仅仅是促使学生保持原有的发展水平，而且更为紧要的是，让学生在此基础上，达到一种超越原有状态的新的发展阶段。[①]

概括来说，"最近发展区"这一概念蕴涵的是这样一种教育信念：教育应该以学生发展的明天为目标，因此，教学应在走在学生发展的前面，应着力体现学生发展的可能性。教师在呈现教学内容时，必须注意学生已有的发展状态，并判明学生可能达到的发展水平。在一定意义上说，前者标明了教学内容对于学生的熟悉程度，后者则体现了教学内容对于学生的陌生空间。只有当教师呈现的教学内容恰好出现这两种发展

---

① 朱智贤主编：《心理学大词典》，北京师范大学出版社1989年版，第1007页。

### 三、对话教学的实施条件

水平或熟悉与陌生之间时，教学的有效性与发展性才能真正展现出来。下面专栏反映的是生物教师对"断层"的处理，这在一定程度上体现了对话教学内容在理解性上的要求。

---

**案例 3.1**
**对话中的"断层"链接**

师生之间在课堂教学中实现真正的对话，时常出现的问题是"断层"的现象，即对一个教学内容展开对话时，缺少一定的"伏笔"或"包袱"，一个话题行将结束时，学生的思维也就会突然阻塞。因此，教师要成为一个组织对话的高手，必须在链接这些"断层"上下功夫。

"断层"链接的第一种方法，是以学科领域里一些生理过程的自然顺序为依托，这样比较容易凝聚师生之间思维的方向，提高对话的效益。例如蛋白质的代谢教学，如按照食物中的蛋白质被分解为氨基酸后，吸收成了血液中的氨基酸，再运输到各种组织供细胞利用等生理过程的自然顺序展开对话，这些生理过程中的每一个环节都可以设置"包袱"或留下"伏笔"，为师生之间的对话提供充足的素材。同样，学生也比较容易构建对话的心理准备，积极地参与对话，不会出现因抓不住中心或要点产生心理恐慌的现象，影响师生之间的持续对话。

第二种方法是，善于转化学生的话题，使对话的内容丰富而深刻。例如，在进行杂交育种的教学时，学生提出了将不同性状的个体首先进行杂交的方法，教师抓住这一方法的提出，进行了"为什么要把两个具有不同性状的个体进行杂交"等类似这样的转化，由稍纵即逝的平铺直叙演变成了微起波澜的话题，使师生有话可议，不至于平淡而冷场。

第三种方法是，不断修饰师生共同议论的话题，使对话更有价值。例如对酶的特性探究教学，是以"体积较大的新鲜肝脏放入过氧化氢液体中，反应不剧烈"为话题开展的，经过师生对话后，得出是由于绝大部分酶仍然存在于肝细胞内的结论；在此基础上，把前一个话题修饰为"经对肝脏研磨、过滤后所得到的滤液滴入过氧化氢中，反应剧烈了"，学生此刻就有话可谈了。如果就此打住，显然没有达到话题的价值目标，因此还必须利用此时的情境继续修饰，如"将滤液稀释十几倍后，反应仍很剧烈，加热该装置，反应缓慢或停止；相反，对滴加氯化铁溶液的过氧化氢装置加热，反应由缓慢变为剧烈了等等"。类似这样层层推进的修饰，为师生对话的正常进行注入了生机。①

(3) 参与性

所谓参与性，是指教学内容具有激发学生参与对话的可能性。教学中对话的过程，就是学生主动参与的过程。但是，并非所有的教学内容都具有激发学生参与对话的结构。符合这种参与要求的教学内容，大体需要满足以下特征：

①蕴涵有学生认知上的冲突

这种冲突又与教学内容或主题的开放性有关。在大多数情况下，封闭性的教学内容或主题，难以引发学生认识的差异性与多样性，而缺乏这种差异性与多样性，学生参与对话的可能性就要大打折扣。或许他们觉得，教师所呈现的内容不能对他们构成认知上的挑战，也或许他们以为，重复别人已经言说过的内容，是不合适的。与此不同，开放性的教学内容或主题，如"未来50年"、"联合国的地位"、"什么样的多边形有内切圆"等，对学生认知的挑战会更大一些，往往能促使学生形成不同的认知与理解一旦他们在教学过程中意识到这种差异性或冲突，他们就可能会产生参与教学对话的倾向。

还有一种情况是，当学生已有的观念与认知遭到他人的威胁时，他们也可能"揭竿而起"，出于辩护或求知的需要，参与到教学对话的过程中去。古希腊哲学家苏格拉底的"产婆术"，可以说是这方面的典范。在这种教学方法中，苏格拉底通常是从人们的日常生活问题出发的，首先通过提问（如什么是美德？什么是正义？等），让对方自由地陈述自己对这个问题的看法，然后，经过不断地诘问，让对方意识到自己的无知，从而激发起对方追求真知的热忱与欲望。但是，苏格拉底的真实意

---

① 杨春明：《变"传授"为"对话"——生物课堂教学初探》，载《中学生物教学》2002年第7~8期。

图并不在于使对方陷入这种"窘境",无以自拔,相反,他再经过一番提问,力图使对方摆脱这种认知上的尴尬,接近真理的彼岸。从苏格拉底的对话方法中,对方常常是在不知不觉中卷入对话的状态,而又每每为对话激起的求知欲所吸引,以至于深陷其中,"欲罢不能"。

②潜藏着学生情意上的唤醒

对话是教师、学生与文本三者互动所建构起的一种精神状态,这其中不仅有理智上的认同,更有学习动机、态度、情感上的唤醒。因此,教师在教学内容的选择上,不仅要考虑学生认知发展的水平,而且要关注学生的兴趣、爱好、动机水平、个性特征等。在对话教学中,没有相应的情意投入,学生就不可能真正卷入到对话的过程之中。这种情意投入,可能是学生对教学内容的探究欲望,也可能是学生对教学内容的情感共鸣,又可能是学生对教学内容的深刻体悟。例如,有教师在教学品德课《孝敬父母》时,利用音乐来创设氛围,调动学生的上课积极性。她是这样教学的:

师:(播放《常回家看看》)请你听听这首歌,你想到了些什么?

生:想到了辛劳的爸爸妈妈。

生:想到了生病时妈妈照料我的情景。

生:想到了大雪纷飞的晚上,爸爸送我去上钢琴课。

师:这首《常回家看看》让我们想起了生我们养我们的父母,此时此刻,老师的心情与大家一样,被这份浓浓的亲情包围着。你们还知道哪些歌唱父母的歌,能不能唱两句给大家听听?

生:《世上只有妈妈好》……

师:(小结导入)生活还有许多歌唱父母的歌曲,这些歌曲有的唱出父母的辛劳、崇高和伟大,有的唱出了孩子对父母真挚、深情的爱,今天,就让我们带着对爸爸妈妈的一颗诚挚爱心一起来学习《孝敬父母》。[①]

③包含着学生行为上的投入

对话首先是一种参与,一种教师和学生双向或多向的参与。这种参与可能是内隐的,但更多的是需要通过外显的行为来加以展示的。对话

---

[①] 徐国平、黄向阳主编:《以学生发展为本的小学课堂教学策略》,中国广播电视出版社 2003 年版,第 93 页。

得以展开，首先是存在着两个或两个以上的认识主体，且在这些主体之间存在着视域上的差异和分歧。如果双方仅仅在"自说自话"，或者说不通过彼此可感知的方式来表达自己的见解，对话也就无产生的可能。因此，对话不仅是观念上的投入，而且是行动上的参与。这意味着，体现对话精神的教学，必然内在地包含有学生参与对话的现实条件。例如，教学内容的呈现是通过学生的直接活动（如文本阅读、影视观摩、角色扮演、多媒体展示、手工制作等）来实现的。

案例3.2

### 让乒乓球鼓起来

师：同学们，先请大家设法帮我解决一个问题好吗？（出示3个踩瘪的乒乓球）谁能帮我使这三个踩瘪了的乒乓球重新鼓起来？

生：我能。

师：用什么法子？请先说说打算。

生：我先把瘪乒乓球放入杯子里，然后倒入热开水，乒乓球被热开水一泡就会鼓起来。

师：真行吗？请你上讲台试试。

（学生泡乒乓球，并将鼓起来的乒乓球拿给老师）

师：还有一个呢？

生：鼓不起来了。

师：仔细看看，是什么原因？

生：（仔细观察后）剩下的这一个，因为有了裂缝，所以鼓不起来了。

师：为什么有裂缝就鼓不起来了呢？

生：乒乓球里受热的气体可以从裂缝处跑走。

师：真是这样吗？假如我不相信怎么办？

生：（想说又说不清楚……）

师：当别人不相信，那你就拿"事实"给他们看，我先帮你设计一个实验。

师：（演示）我用这盐水瓶比作乒乓球，这瓶口便可当作"裂缝"。再用一个气球套住瓶口，然后进入热开水中，如果瓶里的空气受热后真的会从瓶口挤向气球里，气球就会因此而鼓起来，是吗？

生：是。

师：（烧开水，气球果真鼓起来）事实怎么样？

生：事实证明了我们的想法是正确的，气体受热，体积会增大。

师：那么，我们还能换个角度再提出这些问题来研究吗？

生：将瓶放入冷水中，瓶里的空气受冷后会减少吗？

师：提得好，我们先作个假设怎么样？

生：空气受冷后体积会减少，鼓起来的气球因此也许要瘪下去。

师：说得好，尤其是运用了"也许"这个词，充分体现了这仅是一个"假设"。但是，光有假设还不够，还应当设计个实验来证实。谁能设计？

生：我能（将瓶往冷水盆里浸，不一会气球果然瘪下去）事实证实了我们的假设是正确的：气体受冷后，体积会缩小。

教师归纳并板书：物体的热胀冷缩

动眼——发现问题；动脑——作出假设；

动手——实验验证；动口——得出结论。①

## 2. 对话教学的内容选择

对话教学在内容方面的上述要求，也就决定了教师在实施对话教学之前，必须依据对话与对话教学的精神或原则，对教学内容的性质、来源，以及选择的标准、组织的原则等，进行综合考虑。

**(1) 教学内容的来源**

同其他教学形式一样，对话教学的内容主要来自于三个方面：

一是学科课程。作为一种既定的文本，学科课程通常具有较强的逻辑性、结构性、严整性、确定性等特征，但这并不影响教师在学科课程内容安排上的灵活性与开放性，也不会妨碍学生在学科课程内容理解上的丰富性与多样性。显然，只要教师能够充分地挖掘学科课程的资源，寻找并呈现更具教育意义的开放性问题，导引学生参与文本的理解和问题的解决，对话教学就可能以学科课程为平台得到有效的实施。此外，

---

① 徐国平、黄向阳主编：《以学生发展为本的小学课堂教学策略》，第114～115页。

各门学科在知识的确定性方面确有很大差异，比如说，较之语文、历史、政治等学科，数学、物理、化学等学科具有很强的确定性，因而留给学生自主阐释的空间，要相对狭小一些。这主要是人文学科知识与自然学科知识的性质和特点决定的。但是，无论哪一类学科知识，都可能形成开放性的问题，引起学生参与探究和对话的兴趣。例如，"如何清除油渍"、"制硫的方法有哪些"、"焦炭在制造业中的价值"，等等，这些都是涉及自然科学知识的开放性问题。

二是社会生活。如果说学科课程以知识为目的，那么，以社会生活为教学内容，则是以培养学生的社会认知与社会情感为归依的。同学科课程相比，这些内容更加贴近当下的社会现实，更有可能调动学生参与的积极性，因为面对共同生活于其中的真实世界，每个人都可以针对自己熟知的或感兴趣的事件或问题言说一番。如果师生在社会生活中寻找到了这种共同的话题，同时这些话题又具有深刻的教育或教学的意义，那么，对话教学就可以围绕这些话题展开。例如："下岗职工的生活安置与社会的稳定"、"中东和平的障碍"、"文化遗产的保护"、"大众传媒与日常生活"等等。从社会生活对教学内容的渗透方式来看，这里可以有两种备选策略：

①围绕社会生活中真实发生的事件或问题，专设若干堂课。这一策略通常以学校教学安排宽松、教师个人教学时间充裕为条件。

②结合学科教学的实际，有意识地引入社会生活中真实发生的事件或问题，展开教学。这一策略由于不需要任何附加的外部条件，易于为教师所采用。

三是学生生活。以学生生活为教学内容，通常有助于增强学生的自我认知、自我反思的能力，有助于建立起尊重他人、关爱他人的情感。一般说来，学生的生活空间相对狭小，主要集中在学校、家庭和社区的范围之内；他们面对的人际关系也较为单纯，主要涉及师生关系、同学关系、与父母的关系、邻里关系等等，这些关系都无关乎利益上的冲突。但是，学生的生活经验正是从这些空间和关系中，开始奠基并逐步向外拓展的。除了从学生浸染于其中的社会关系中发掘主题之外，对话教学还可以把目光投向学生在日常生活中所经验到的种种"物理"现象。总之，对话教学的内容从根本上是绕不开学生的生活经验的。

当然，在实际的教学活动中，来自这些不同方面的内容不是彼此孤立的，而是相互关联、相互渗透的。一般来说，学科知识的内容都是源自于现实生活的，因而也是可以通过现实中的事物来加以体现的。

> **案例3.3**
> 
> **依托学生生活，组织教学内容**
> 
> 在染色体变异的教学中，基本概念如染色体组、单倍体等，文字描述很难使学生有透彻的理解。传统的教学是教师不厌其烦、喋喋不休地剖析关键文字的内涵。此类教法的长期实践表明，学生了解的快也遗忘的快，随后的知识迁移和运用存在意想不到的障碍。为此，教师如结合学生的实际，灵活地选择不同的教学内容展开对话，可以促使他们在掌握基本概念时少走弯路。
> 
> 例如，生活在农村的学生，对农作物、家畜等接触较多，可以此打开话匣。蜜蜂的生活史虽然比较复杂，但由于他们生活的附近可能就有养蜂场，因此对受精卵如何发育成蜂王或工蜂、未受精的卵细胞可以发育为雄蜂等内容了解得十分清楚，以此例引出单倍体、二倍体概念的特点，更容易被他们理解和接受。同时，他们还可能提出传统教学所不具备的话题：单倍体既然是高度不孕的，那么雄蜂是不是能产生正常的生殖细胞呢？多倍体的营养器官较二倍体发达，这对农业生产有什么意义？多倍体发育延迟，是否要适当考虑当地的季节气候？通过对这些问题的讨论和对话，可以激发学生运用批判的思维品质，学习、判断和鉴别，打破墨守成规的陋习，勇于发表自己的观点。
> 
> 身在城镇的学生，阅历高见识广，各类报刊杂志和互联网可为他们提供大量的话题。如教者根据染色体组、单倍体等概念，选择相关事实精心加以组织对话内容，也同样能获得较好的效果。例如"试管婴儿"、花卉的栽培等，学生对此并不陌生，实行对话教学有一定的基础。[1]

### （2）教学内容的选择与组织

要将来自于上述方面的教学内容，纳入对话教学的过程，还需要从以下方面进行检验：

---

[1] 引自杨春明：《变"传授"为"对话"——生物课堂教学初探》，载《中学生物教学》2002年第7~8期。

①是否有助于达成教学的目标？
②是否符合学生的身心发展的特点？
③是否符合社会发展的需要？
④是否体现了对话与对话教学的精神？

尤其是最后一点，是对话教学在选择与组织教学内容方面的独特之处。如果失去了对对话与对话教学精神的应有关照，即便是符合了前三个条件，也不能反映对话教学的价值所在。实际上，对话教学在教学内容上的敞开性、理解性、参与性要求，归根结底都是对话与对话教学精神的集中体现。要检验教学内容是否体现了对话与对话教学的精神，就必须牢牢把握教学内容的敞开性、理解性、参与性特征。

在遵循上述原则的基础上，可以根据教学实际的需要，从不同的角度对这些教学内容加以组织或重构。从教学内容组织的主线来看，对话教学可以有如下一些备择策略：

①以问题为主线——围绕特定的问题或问题系列，组织对话教学的内容。通常这些问题具有开放性的特征，学生可以从不同的角度出发，提出不同的解决方案。

②以主题为主线——围绕特定的主题或主题系列，组织对话教学的内容。主题或主题系列在指向性上不必问题或问题系列那样鲜明与直接，因而具有更强的开放性。如："洋务运动在中国现代化过程中的地位"等。

③以目标为主线——围绕特定的目标，组织对话教学的内容。这里"特定的目标"，主要是指那些体现对话精神的教学目标，如：培养学生的民主意识、参与意识、分享意识，以及宽容心、同情心、沟通或交往能力，等等。

## （二）形成和谐的心理氛围

对话教学是教师、学生与文本之间的多向互动过程，它尤其凸现了学生在教学过程中的主体地位。然而，要在传统的、单向的教学观念和行为仍占主导的情况下，真正实现师生之间、生生之间的平等对话，确保学生的主动参与，还需要教师进一步转变观念，通过教学（心理）氛

## 三、对话教学的实施条件

围的营造，促进师生之间、生生之间的相互沟通与理解。实际上，这里所指的教学氛围，并非仅仅局限于课堂教学情境之中，而是指师生在长期的互动过程中所形成的稳定的心理环境。很难想象，一个一贯专制的教师能够激发学生参与对话的热情，一个惧怕教师的学生能够自由地表达自己的见解。因此，形成一种良好的、和谐的教学心理环境，是落实对话教学理念和精神的重要前提与保证。

概括来说，对话教学赖以展开的心理环境，主要涉及以下几个方面的内容：信任、自由、理解、谦逊与爱心。

### 1. 信任

对他人的信任，是对他人的一种尊重，是个人的一种美德，同时也是对话的先决要求。两个个体之间如果缺乏最基本的信任，哪怕是普通的谈话也难以展开，更不用说进行深层次的对话了。在对话教学情境中，这种信任也是不可或缺的。从对话主体的角度来看，这种信任既有教师与学生之间的相互信赖，也有学生与学生之间的真诚相待。由于教师和学生角色和地位的不同，他们彼此所形成的信任也会在内容上显现出明显的差异。其中，教师对学生的信任主要体现在：

(1) 相信学生具有参与和表达的欲望与能力；
(2) 相信学生言说的真实性；
(3) 相信学生参与对话的真诚性；
(4) 相信学生具有反思和批判的能力等等。

这还仅仅是问题的一个方面，更为重要的是如何使学生感知到教师的这种信任，同时让他们建立起对教师真诚的信赖。如果不能把学生从"惧怕"、"敬畏"教师的心态中拯救出来，纯粹寄希望于学生的参与对话过程，是不现实的。从学生的角度来说，对教师的信任主要包括以下内容：

(1) 相信教师是真诚的——对教师让他们参与对话的真诚动机，并不表示怀疑。
(2) 相信教师是民主的——相信教师会尊重来自不同学生的不同意见，不会以权威自居，不会压制他们的意见。
(3) 相信教师是公平的——相信教师能够同等地对待每个学生的意见。
(4) 相信教师是开放的——相信教师怀有开放的心态，不会拘泥于一己之见，或先入为主，褒扬相同的意见，排斥相异的观点。

**案例 3.4**

**从"信"做起**

一天，学生 W 笑着对我说："周老师，我给你讲个笑话。"我微笑地点点头。没几天，这孩子就跟老师这么亲近，拉家常了，我心里闪过一阵欣慰。"我叫同桌 X 赶快复习，她说，没事，1月5号期末考，她4号复习还来得及。有一次，我要给她补课，她硬是不让，我只好求她，求了很久，她才勉强答应留下来。"这就是笑话？我心一揪，X 同学是原任老师最头疼的一个，每一个字的作业都是在老师或 W 的监督下写出来的，老师找她谈话，她总是以"沉默"回答。对于这样一点主动性都没有的孩子，我还能用原来办法：指定一人专门督促帮助她？我当即告诉 W："从今以后，她没叫你帮，你不要主动叫她读书做作业。"

上课了，我发现 W 向 X 借笔，X 爽快地借她，我对 W 说："X 也很喜欢帮助别人，她也有自己的长处和有点啊。不过，她不要你老叫她做这做那，你老管着她，她很不自在。"然后看看 X，问："是吗？" X 高兴地带点羞涩地笑了。我又问 W："今天的作业 X 能自己完成，你信吗？" W 怀疑地盯着 X 看，我期望地看着 X，X 终于点了头。我兴奋地对 W 说："我们来打个赌，她自己做完今天的作业算我赢，否则，我输。" W 愉快地答应了。

我私下找到 X："以前没做的不计较了（不翻旧账），今天我布置的你要能完成，就是个了不起的人，你可要给我面子，不能让我输给 W 啊！" X 惊奇又喜悦地看着我，跑了。

两节课后，W 跑来找我："周老师，我看我会输，X 竟主动问了我作业！"三天后，W 又对我说："周老师，X 确实比以前进步了，她星期天要到我家做作业。"其间，全班同学给她两次掌声。她还有其他表现：每次听写，她都主动订正后拿来给我过目；老师抽查作业，她举手，主动请求检查她的。

X 在老师、同学的信任、期盼中"活"起来了。[1]

---

[1] 周秀珊：《从关注每一个孩子开始》，载《明日教育论坛》福建教育出版社2001年版，第1辑。

当然，让学生形成对教师的这种信任感，也不是一蹴而就的，而是一个长期的过程。这个过程需要教师在观念和行为上表现出高度的持续性、一贯性。一旦教师不慎破坏了与学生之间持久互动建立起的信任纽带，挽救或补救的工作将是更为艰巨的。譬如，教师对学生自由发言的"干预"与"压制"，甚至攻击性的"点评"，都可能损害学生今后参与课堂教学的主动性与积极性；即使是参与其中，学生也可能会"谨言慎行"，以至于掩饰自己的真实想法，转而投教师之所好、言教师之所欢。关于这一点，我们可以从以下两个实例的比较中，获得一些印证。

**案例3.5**

**不一样的策略，不一样的结果**

最近我们听了一堂教师要求初中一年级学生思考一首诗的课。教师上课一开始就要学生解释这首诗的前两行。一个学生踊跃发言，认为这两行诗唤起了一个梦的想象。"不对"，教师说，"作者不是这个意思。"另外一个学生说，这首诗使她想起了在大海的一次航行。教师提醒这个学生说，她应该考虑这首诗的前面两行而不是整首诗，然后告诉她这首诗不是描写大海的。教师看了看全班同学，问"还有谁回答这个问题？"没有学生举手。

在另一个课堂里，教师要初中三年级学生思考温度对肌肉运动的影响。学生有冰块、几桶水、测量手指夹力的标准尺以及其他手段来帮助他们思考温度与肌肉运动的关系。教师提了几个框架性的问题，讲了安全操作的规则，然后给时间让学生去设计自己的实验。他对不同小组的学生提了不同的问题，他的提问依学生的活动以及学生看来正在得出的结论而定。即便学生是正确的，教师也不断地要求学生详细描述或者对自己的回答提出反驳。随着上课接近结束，学会分享了自己研究的最初发现，对肌肉运动和温度之间的关系提出了操作性的假设。有几个学生还要求等下再来继续进行他们的实验。[①]

## 2. 自由

可以说，独白式教学是"刚性"教育制度对教师长期浸染的结果。

---

[①] 唐晓杰等编著：《课堂教学与学习成效评价》，广西教育出版社2000年版，第34页。

## 对话教学

在这种制度中，教师不仅需要对学生的活动进行了精细的安排，而且也不自觉地把自己束缚在预先设计好的教学框架之中，对教学情境中生发的丰富教育资源，常常采取的是"视而不见"甚至是"压制"、"削平"的态度，从而使教学过程呈现出明显的封闭性与结构性特征。这不仅使学生沦为教师加工的"材料"，失去了参与课堂对话的可能性，而且使教师沦为学校里的"工人"，失去了内在的尊严与欢乐，失去了教学创造的自由与冲动。很难想象，在教师和学生都失去自由的情况下，他们在教学活动能自由表达、敞亮心扉，走进真正的对话。

这就要求教师重建自己的教学信念，实现从课程标准的实施者与执行者转向教学活动的创造者，从过去枯燥的重复性劳动中解放出来，真正享受到教学创造所带来的乐趣。那么，教师在教学中的自由是否有助于学生的自由呢？正如有人所指出的那样："如果社会仅仅允许教师在教育中教教科书准备好的观点，教师不可以介绍其他不同的观点或他自己的观点，那么，如何期望学生对这一问题有一个全面的了解呢？如何期望学生能在不同的观点之间进行比较，在此基础上做出自己的选择，或者形成新的观点呢？如果教师在探索问题时缩手缩脚，又如何期望他的教学富有挑战，激发起学生的思考，从而培养出头脑灵活的学生呢？更进一步说，如果教师处处受到限制，又如何期望他对学生有充分的宽容呢？如何期望一位思想不自由的教师培养出一些思想自由的学生呢？这样来看，教师教学和研究的自由是学生自由的一个必要的条件。"[①]

另一方面，教师在解放自身的同时，也要把学生从被动的处境下解放出来，让他们自由地言说、主动地参与。其中，最为关键的自由是学生自由表达个人意见。很多教师尽管也了解这一点，但是在实施的过程中，还是经常超越自己行为的边界，并在不知不觉中剥夺或扼杀了学生的自由，造成学生自由、民主、参与意识的淡漠。尤其是当学生的言行冒犯了教师的意图，教师往往会采取"大棒政策"，对学生的言行大加鞭笞。要克服这些扼杀学生自由的教学行为，教师在转变教育观念的同时，还需要在教学实施中敢于、善于"放手"学生："新知识放手让学生主动探索；课本放手让学生阅读；重点、难点和疑点让学生议论；提出的问题放手让学生思考解答；结论或中心思想等放手让学生概括；规

---

① 马凤岐：《教育：在自由与限制之间》，中国工人出版社2001年版，第218~219页。

三、对话教学的实施条件

律放手让学生寻找；知识结构放手让学生建构。"① 只有通过这样的"放手"，才能唤起学生参与对话的兴趣，引发他们自主探索的热忱，促使他们尽情享受教学自由所带来的欢乐。

需要指出的是，这里的自由也不是绝对的自由。事实上，如果教师和学生的自由超过一定的限度，"对话"也难以展开，甚至有时会沦为一种毫无意义的争吵。在课堂中，人们可以看到，由于学生的自由失去了规范的限制，他们在讨论问题的时候，总是不断地超出问题的边界，或滑向另一个问题。

### 3. 谦逊

自满、自大与对话的精神是不相容的，对话的展开有赖于对话双方秉持一种谦逊的态度。弗莱雷说，"对话作为那些投身于学习与行动这一共同任务的人之间的接触，如果对话双方（或一方）缺乏谦逊，对话就会破裂。"② 在传统的教学活动中，教师常常以知识和道德的权威自居，把学生看成是知识传递与道德灌输的对象，因而教学也有就成了"有知者（教师）"向"无知者（学生）"单向灌输的过程。这不仅忽视了学生作为知识建构者与价值内化者的重要意义，而且人为地在教师和学生之间形成了一道难以逾越的"壁障"：由于教师与学生地位的"天然"不对等，两者之间的平等与对话不过是美好的憧憬罢了。可以不无夸张地说，这种观念和行为背后蕴涵的是教师的"权力欲"、"优越感"与"自大情绪"。或许正是教师不愿意放下"尊贵的架子"，不愿意抛却这种"权力欲"与"优越感"，以尊重与欣赏的眼光打量学生，以平和与谦逊的姿态拥抱学生，所以失去了与学生展开对话的可能性。

那么，究竟如何在教学情境中去理解这种谦逊呢？"谦逊是指一个人愿意承认自己的知识是有限的和不完整的，并且行为举止也与这种态度相符。这就意味着承认小组中其他成员的发言，可能会给我们带来新的信息或是改变我们对某些重要事情的看法。具有这种品质的人愿意把

---

① 唐晓杰等编著：《课堂教学与学习成效评价》，第 26 页。
② 保罗·弗莱雷著，顾建新等译：《被压迫者教育学》，华东师大出版社 2001 年版，第 39 页。

所有小组成员都作为自己潜在的老师来看待。"[①] 从教师的角度来说，谦虚意味着：(1) 清醒地认识到自己在知识、视野、思维方式上的局限性，并敢于向学生承认或暴露这种局限性；(2) 自己的见解只是众多见解中的一种，它反映的只是教师个人的知识与生活背景；(3) 充分尊重每个学生的见解，而不以"有色眼镜"区别视之，切忌对"好学生"与"差学生"采用两套标准；(4) 认识到学生见解的独特价值，即体现了学生个人生活经验的累积与思维方式的变幻，而这些生活经验与思维方式，可能是教师所不具有的，或已经泯灭了的，因此，它们在一定程度上可以为教师的思考提供新的视角和资源；(5) 对学生的见解做出积极的回应，这种回应应该蕴含着欣赏、理解、尊重、协商等内容。

另一方面，这种谦逊还应该来自于班级中的每一个学生，尤其是那些暂时处于优势地位的学生。在教学过程中，对话本身也是敞开的，即每个学生都可以自由地参与其中，发表自己的见解。但这一过程要求学生保持谦虚的、开放的心态，不固守一己的见解，或将个人的看法强加于他人，应该学会倾听他人的见解，尊重他人的观点。

**案例 3.6**

**向学生暴露思维过程**

教者如果勇于暴露学习的思维过程，就可为实现这一位置的转变奠定良好的基础。例如，笔者在进行基因突变的教学时，对学生暴露了这样的思维过程：当初我对基因突变的认识，只是停留在基因突变的文字描述上，缺少与其他相关知识的联系。但是，随着思考、分析和理解程度的加深，逐渐理顺了基因突变与细胞的有丝分裂、减数分裂等内容的关系，进一步领会到基因突变只能在 DNA 进行复制时才能发生。在此基础上，再从遗传、进化等内容中找结合点，进而体会到基因突变有别于基因的重组，能产生新的基因，可产生新的生物类型。把这些不断提高、发展和深化的认识过程如实展示在学生面前，他们对自己的学习不仅增强了信心，把我视为学习的榜样，而不是高不可攀、顶礼膜拜的"导师"。

---

[①] Stephen D. Brookfield, Stephen Preskill 著，罗静、褚保堂译：《讨论式教学法》，中国轻工业出版社 2002 年版，第 14 页。

其次，大胆揭示教学过程中曾有过的错误认识。例如，在染色体变异的教学中，笔者过去对秋水仙素处理二倍体个体发生减数分裂的配子，认为通过受精作用后，后代只产生四倍体的错误认识。事实上，随着对教材和教参等资料的研究学习，自己了解到这一结果，应该是四倍体、三倍体、二倍体的后代都有可能发生。暴露此类错误的认识，不但没有削弱自己在学生面前应有的地位，反而赢得了学生的信任感。

第三，与学生拥有相似的学习位置。例如，在进行过氧化氢酶特性探究试验时，不能只是学生做，教师在旁边观察巡视，不妨作为学生一分子介入到某一小组中，充当选取实验材料的角色，或是参与过氧化氢酶的提取，或是为实验步骤献计献策。这样，不仅能为本组学生实验的成功或创新提供后援，同时也能更好地激励其他组的同学奋发争先。①

## 4. 爱心

正如弗莱雷所言，"缺乏对世界、对人的挚爱，对话就不可能存在。"在教学过程中，更是如此，因为从根本上说，教学活动是一项爱的事业，是促使学生迈向完满、幸福人生的重要方式，而这种活动如果失去了教师在理智和情感上的真诚投入，就难以实现善的追求的。在这样一个物欲横流的社会中，很多教师经不起金钱的诱惑，无论是观念上还是行动上，都开始走向"教育"的反面，在课堂中敷衍塞责，在课后广揽学生，落入物质利益的陷阱之中，难以自拔。由此，教师的"爱"逐渐地"异化"成了对"利益"的"不舍"，而不是对"教育"、对"学生"的热爱。在一个失去了爱心的教师那里，人们看到的往往是作为"物"的学生，作为"金钱"的教育。在这种情况下，不仅教师沦为了"私欲"的奴隶，而且学生也丧失主体的意识，因此，又何以奢谈师生的心灵的碰撞与对话呢？

走向对话的教学，尤其需要教师的爱心投入。这种爱心主要涉及到三个方面：

---

① 杨春明：《变"传授"为"对话"——生物课堂教学初探》，载《中学生物教学》2002年第7~8期。

一是对教育事业的热爱。众所周知，教育是一项"育人"的事业，是以促进学生的成长与发展为己任的活动。从根本上说，这项事业是人（教师）与人（学生）之间的交互作用的过程中，而人的复杂性与多样性，又决定了完成这项事业的过程是长期而艰巨的。另一方面，教育活动又承载的是社会的价值与目标，担负的是文化传承、更新与发展的使命。这就必然要求参与这项事业的教师潜心地钻研、辛勤地耕耘，甚至全心地投入。

　　二是对所教学科的热爱。从根本上来说，这是教师对学科知识所表现出的一种浓厚的兴趣和持续的探究。但是，这种兴趣和探究并不仅仅局限于教师本人，随着教学活动的拓展、师生交往的深入，它也会深深地感染学生，引起他们求知的欲望。师生、生生之间有了这种共同的兴趣，对话教学也就了良好的心理基础。而且，教师对学科知识的真挚情感，也为他通透地理解学科教学的内容提供了内在的驱动力。事实上，在教学过程中，如果没有教师对知识与真理的不懈追求，没有教师对学科教学内容的深入研读和精心设计，也就不会有学生的广泛参与和真诚对话。

　　三是对学生的热爱。前面略有涉及的对学生的信任、尊重、理解等情感，都可以归结为教师对学生的爱。在独白式教学中，教师也可能倾注了对学生真挚的情感，有时这种情感十分的强烈，以至于超过了学生可以忍耐的限度。例如，不少教师这样描述他们对学生的爱："我惩罚学生，对他们严格，是因为我爱他们，是因为我希望他们将来能成大器。如果我不爱他们，不希望他们成才，我有何必费这个力呢？"这些教师也常常用这样的逻辑来教导学生。但是，学生未必"买账"，未必认同教师的这种"爱"法，甚至对教师满怀恨意。为什么会这样呢？其实，细究起来，不过是教师把"爱"也看成了"单向度"的过程，错误地以为教师只要用力的倾注，学生就会接受这种"爱"。依靠这样的"爱"，对话教学是不可能成功的。对话教学所强调的"爱"，是对话式的，是双向的，因而它不仅仅是教师对学生情感投入，也意味着学生对教师这种情感投入的感知与认同。例如：

　　一位五年级的学生在日记中这样写道："一次体育课测试400米跑，跑得满头大汗的我喝了一袋冰水，顿时觉得肚子疼痛。语文课上，我无精打采。张老师悄悄地走到我身旁，关切地问我，不舒服吗？我说肚子疼。老师趁同学们读书的时候，到办公室给我倒了一杯热茶，微笑着递到我的手上，就像我的母亲一样。一股暖流涌上心头，我觉得肚子也似乎不疼了。这使我想起了写字课上，张老师拿出纸巾轻轻地擦着我的脸，原来我不慎将墨汁涂到了脸上，我还没注意到呢！我想我永远也不会忘记母亲般爱着我的老师！"[1]

## （三）建立对话教学规则

正如伯布斯（N.C.Burbules）所言，对话是一种游戏，是对话者相互作用的过程。在这一过程中，对话者不仅是与对话本身同一的，沉浸在对话之中，而且是受内在的兴趣激发并遵循一定规则的。[2] 如果教学本身即是一种对话，那么它也应该遵循一定的"游戏规则"，否则，作为对话的教学，就会遭到破坏。因此，在对话教学中，需要重新建立有关对话的"游戏规则"，以确保教师、学生与文本三者之间的良性互动。

### 1. 建立对话教学规则的方式

在教学过程中，可能涉及的对话包括师生之间、生生之间、师生与文本之间的对话。由于这些对话发生在不同的主体之间，而这些主体在教学活动中的地位和作用存在着明显的差异，这些对话的目的、性质和规则也就会有所不同。例如，一般来说，师生对话发生在异质个体或群体之间，蕴涵的是教师文化（成人文化或主流文化）与学生文化（儿童文化或非主流文化）的交流，是教师人格与学生人格的碰撞；而生生对话通常发生在同质个体或群体之间，体现的是不同学生或学生群体之间的相互沟通。由于师生在知识与文化资源的控制上是不对等的，同时在教学结构中承担着不同的角色和使命，较之生生之间的对话，师生之间的对话需要更为明确的"游戏规则"加以保证，因为教师的话语很容易对学生的话语构成"霸权"或"压迫"，而一旦学生遭遇到这种"霸权"

---

[1] 陶保平主编：《小学语文教育新视野——国家级骨干教师培训课题研究报告集萃》，华东师范大学出版社 2003 年版，第 106 页。

[2] N.C.Burbules, Dialogue in Teaching: Theory and Practice, 1993. p66.

或"压迫",他们也许会抵制,也许会沉默——这两种方式都不可能造成真正的对话。从这种意义上说,要实现师生之间的真正对话,教师必须消解自我的权威意识和虚妄的尊严观念,以一种开放与谦逊的态度,积极地展开与学生的对话。总体来说,学生与学生之间在教学结构中的地位是对等的,因而他们之间的对话就无需着力解决"权威"、"霸权"或"压迫"的问题了。

明了不同类型的对话之间的属性差异,还只是建构对话教学规则的第一步。在这里,重要的是如何依据对话的属性差异,建立起相应的教学规则。解决这一问题的可能路径是,教师与学生的民主协商。事实表明,如果学生直接参与了教学规则的制订,并体现了他们的权利、意志与需要,他们通常会自觉地遵守这些规则。对话与对话教学本身就是学生通往民主生活的重要途径,因而在对话教学规则的制订方面,需要切实发挥学生主体参与的作用,充分尊重师生双方的发展需要。因此,在实施对话教学之前,投入一些时间与精力,与学生一起讨论对话的具体规则是非常有必要的。布鲁克菲尔德等人也认为,形成讨论式教学规则的方法之一也就是从作为讨论者的学生那里,了解他们的真实感受。他们提出的一些具体做法,也是对话教学可以借鉴的。具体如下:

我们所遵循的基本准则能确保讨论对每位参与者来说都是有用的、受人尊重的、有意义的。为制订这些原则,我们应当做以下事情:

(1) 想一想你所参加过的最好的讨论。是什么事情使得讨论令人满意?你自己对此总结出几点来。

(2) 想一想你所参加过的最坏的讨论。是什么事情使得讨论令人不满意?你自己对此总结出几点来。

(3) 现在与另外3个人一起组成一个小组。依次谈谈是什么使得讨论对你而言进展得顺利。倾听共同的话题、共同分享看法以及讨论的特点,都是大多数人此刻容易想到的。

(4) 依次谈谈是什么使得讨论对你而言进展得不顺利。倾听共同的话题、共同分享看法以及讨论的特点,都是大多数人此刻不容易想到的。

(5) 根据你认同的好的讨论应有的特点,试着例举出小组应当做的3件事来确保这些特点都得到实现,并且要尽可能地详细和具体。比如说,如果你觉得好的讨论是应当具有发展性的,既要让后面的论题建立

三、对话教学的实施条件

在它的基础之上，又可以从这里回顾以前的观点，你就可以做出这样的规定，每位参与者发表新观点时，都要先作一番解释，以便大家了解它如何与前边观点相关。

（6）根据你所认为的坏的讨论应有的特点，试着例举出小组应当做的3件事以便避免这些特点出现，并且尽可能地详细和具体。比如，如果你觉得有人太独占发言而使讨论进行得不好时，你就可以做出这样的规定，至少要有其他3个人同意时才能开始第二次发言。

（7）试着为进行讨论拟出一份章程来，其内容要包含你所同意的全部基本规则。你要把每条原则都公布于众，并使它发展成为适合讨论的章程，以便指导接下来几个星期的课堂讨论。①

除了这种学生共同协商的方式外，还可以借助其他一些的方式来建立对话教学的规则。例如，教师可以把一些实用的交际或交往的技能、技巧（如怎样积极地倾听、恰切地表达等），直接教授给学生，减少他们自己摸索的时间，以便尽快适应对话教学的过程。此外，也可以借助一些影像手段，如通过购买或拍摄有关对话的短片，组织学生观看，并要求学生针对影像中的对话主题、过程、场景等进行详尽的分析，建构学生共同认可的有效对话规则，以便他们在课堂教学的对话过程中自觉地贯彻这些规则。

> **案例 3.7**
>
> **建立课堂倾听的规则**
>
> 一位老师发现：课堂上，师生都没有倾听的习惯。老师发表意见时，听的学生很少；学生发言时，老师有时也在走神，或者没有与学生达到最好的沟通，只是在甄别学生的回答是否符合自己的标准，而不去想学生的回答是否有道理。听的学生少之又少，大多数都在观察老师，常常慑于老师的脸色而假装一副倾听的样子，至于发言学生的意思，更是一知半解，整个课堂就在这样的一个怪圈中进行，你不听我，我不听你，想听的就是标准答案。
>
> 这样的状况是"制度课程"的产物：用统一的标准、统一的要求

---

① Stephen D. Brookfield, Stephen Preskill 著，罗静、褚保堂译：《讨论式教学法》，第61~62页。

去规定一个个鲜活的、富有个性的人。这其中既包括学生也包括老师，人的创造力、灵性就在这样的规则中一点点地丧失了。

针对这样的状况，教师想在班里建立倾听的规则。于是，同学生商量这个规则应包括那些内容，经过大家商讨，共同制订了如下规则：

第一，教师说话时，大家听，若发现有同学违反规则，没有听清老师的意思，任何同学都不要提醒。

第二，同学发言时，要等发言结束再举手。

第三，同学发言时，老师要认真听，充分尊重学生的意见。学生可以反驳老师的意见。

第四，老师和学生在发言时，都要考虑到能吸引别人。[①]

## 2. 对话教学规则的基本内容

从对话教学规则的建构方式中，可以看出，很难对对话教学规则的具体项目做一个统一的描述或规定，因为这些规则总是在特定的教学情境由特定的参与者所建构而成的；如果离开了这些特定的情境和主体，这些规则可能就会失效。拿教师与学生的对话来说，有些教师认为，赋予学生自由表达的空间是对话教学精神的体现，因此，学生在课堂上不必拘泥于繁文缛节，可以随时提出问题，自由发言，无需举手[②]；但有些教师认为，对话教学必须在一定的"课堂礼仪"下展开。有研究者围绕对话的两个核心方面——倾听与表达，提出了一些具体的"课堂礼仪"：

学会倾听的具体礼仪是：（1）耐心，不随便打断对方，不争吵；（2）积极响应，认真思考，通过点头、微笑、提问、解析、安抚、意译等方式作积极反应和意见反馈；（3）全神贯注，目不斜视，注意力集中；（4）有时作必要的记录。

学会表达的具体礼仪是：（1）学会作有准备的发言，自由、大方、不紧张、不胆怯；（2）学会明晰、正确地表达自己的想法，说普通话，

---

[①] 摘自郭彩霞：《教师的作用在哪里》，载《人民教育》2002年第10期。
[②] 林存华、杨海燕、俞海燕、程胜：《自由发言，无需举手》，载《上海教育科研》2002年第2期。

音量适度，口齿清楚，语言流畅；(3) 学会真诚、坦然地表达，表现真实的自我；(4) 学会有策略地表达，注意看对象、身份、场合，说话得体、艺术。①

尽管在这些规则中，有些可能具有普遍的或共通的性质，如"学会真诚、坦然地表达，表现真实的自我"，但是有些内容并不具有普遍的意义和效用，如"全神贯注，目不斜视，注意力集中"，"有时作必要的记录"等。这里不打算对这些具体的项目一一列举，实际上也不可能做到一一列举。下面我们将结合伯布斯的观点，对对话教学的一般规则做一些描述。伯布斯认为，作为教学交往活动的对话，具有三个方面的规则：参与（participation）、投入（commitment）、互惠（reciprocity）。②

(1) 参与

在独白式的教学中，教师常常以绝对权威的身份出现，掌控着教学过程的方方面面，而学生却在这一过程中失去了参与教学过程的机会，即使有所谓"参与"的话，也只限于配合教师的教学工作、遵从教师的"谆谆"教导。因此，在现实中，学生的"参与"如果超出甚至破坏了教师预先设定的教学程序或框架，就可能会遭到教师的漠视甚或贬斥；即便是在文本的理解方面，如果学生的理解稍许带有创造性，以致偏离了教师理解的轨道，就可能被教师视为"异端"毫不留情地加以遏制。在这种情况下，教师的教学是独白式的，失去了学生参与的可能性。

因此，构建作为对话过程的教学，就必须重申参与作为对话教学规则的意义。可以说，参与是对话教学的第一规则，没有教师与学生的积极参与，就不存在任何对话意义的教学。这种参与不仅意味着教师和学生对文本（主要指教学内容）的解读，而且意味着师生、生生之间基于这种解读所展开的交流与互动。在对话教学过程中，教师和学生都是平等参与的主体，因而并不存在谁的见解更具优先性的问题，即教师的见解未必是全然正确的、甚至惟一正确的，学生的视界具有补充甚或超越教师的可能性。由此形成的教学新气象是：不仅仅是教师在发问、在启发学生，而且更多的是学生在发问、在探究、在沟通，即在参与中相互启迪智慧、共同分享卓识。

---

① 陈顺洁、华卜泉：《对话教学：概念与要素》，载《现代中小学教育》2003 年第 2 期。
② N.C.Burbules, Dialogue in Teaching: Theory and Practice, 1993.pp79~82.

### (2) 投入

在教学过程中，对话是一个师生、生生之间相互交往的过程，它谋求的是教师与学生的共同理解。需要指出的是，这种理解不一定会在师生之间或生生之间达成一致的认识。在各种见解分庭抗礼、相持不下的情况下，寻求普遍的共识几乎是不可能的，但是谋求对他人观点及其所蕴涵的经验、情感、思维方式等方面的一定程度的理解，却是极其必要的。要达到这种理解，就要求作为参与者的教师和学生，积极地投入对话的过程之中，真诚地向他人敞开自己的观念，接受来自他人的挑战，寻求与他人视界的融合。这里的"投入"，具有以下意味：

①教师与学生是自愿且真诚地参与对话过程的；

②教师与学生应该善于倾听，以便正确地理解他人的观点；

③师生、生生之间应该充分尊重各自的差异，允许对方自由地表达；

④在对话的过程中，教师与学生的话语应具有四个特征：一是可理解性——教师应该采用学生可以理解的方式，陈述自己的观点或表达教学的内容，同时学生也要善于表达，以便他人更好地理解自己的意见。二是真实性——教师与学生所表达的内容应该是真实可靠的，而不是虚假的、捏造的。三是正确性——教师与学生的话语表达在内容和方式上也必须是正确的，尽管有些内容是真实存在的，但在表述上却是值得怀疑。四是真诚性——教师与学生的话语表达应该是真诚的。这些特征可以从下面的对话语境中窥见一斑：

一位教师要求他的一个学生："请给我拿一杯水来！"这个请求在原则可以以三种方式，即按照它所包含的三种有效性要求被拒绝：

其规范的正确性可以被否定："不，您不能像命令您的雇员那样命令我！"

其主观真诚性可以被怀疑："不，您是想当着别的同学的面羞辱我！"

其内容的真实性可以被否定："不，即使最近的水龙头也离这儿很远，在下课以前我无法赶回来！"[①]

---

[①] 霍尔斯特著，章国锋译：《哈贝马斯传》，东方出版中心 2000 年版，第 110 页。

### (3) 互惠

在教学中，对话发生在教师、学生与文本之间，构筑的是一种多向的互惠关系。互惠意味着对话双方从狭隘的个人世界走进宽阔的公共世界，在这一过程中，对话双方从竞争转向了协作，获得了双重的甚至多重的思考问题的视域。如果对话双方在参与的过程中，并未从中赢得任何收获，这样的对话是毫无意义的，也难以激起对话者持续参与的欲望。实际上，任何一种建设性的对话总是参与者共赢的过程。

就对话及对话教学而言，互惠这一规则之所以意义非凡，这主要是有对话本身的持续性和长期性决定的。对话与对话教学的建立与维持，依靠的不是某种外在的、强制的力量对对话者的约束，从根本上说，它是以对话者内在的兴趣与深刻的自觉为基础的。事实上，如何能够在对话教学中激起对话者的兴趣与自觉呢？其中一个很重要的支点就是对话者通过参与对话，能深深地感受到对话所具有的震撼力，一方面对话者逐渐从理解他人的过程中，更加深刻地理解了自身，尤其是意识到自身在知识、视野与思维方式上的局限；另一方面，对话者不断地从其他参与者那里，获得了关于主题或问题的新知识与新思路，切实体会到对话给自身带来的新视阈、新境界。但是，需要指出的是，这一受益过程不是、也不可能是单向的、从他人那里攫取的过程。如果你长期不能为对话过程贡献自己的智慧与力量，你大概也未能真正进入对话的"场域"，或在有意无意之间遭到其他参与者的疏远与排斥。由此可以说，对话就是一种理智上的互惠过程。

## （四）寻求学校制度的支持

如其他教学形式一样，对话教学必然依托于特定的学校场景，或者说是处在特定的学校场景之中。从当前的情况来看，学校首先是作为一种教育制度的形式存在，因此，对话教学不可能逃脱学校制度设定的框架。既然对话教学难以游离于学校制度之外，那么，解决问题的出路就在于，寻求更有利于对话教学的制度变革，即把规制性的学校制度变革为支持性的学校制度。事实上，如果失去了现实的学校制度的支撑，关于对话教学的种种见解，不过是虚饰的"摆设"，缺乏实质性的内容；

不过是想象中的"楼阁",缺乏现实的可能性。

### 1. 对话教学的制度限制

就对话教学而言,学校制度的意义是双面的。一方面,学校制度是对话教学展开的具体背景,也就是说,对话教学总是在一定的学校及其制度中运作的,离开了具体的学校及其制度,对话教学也就失去了存在的根基。另一方面,学校又从制度上对教师的教学活动提出方方面面的规定与要求,因而具有明显的刚性特征;如果这些规定与要求失当,就可能背离对话教学的精神,限制对话教学的推进。具体来说,这种限制主要体现以下方面:

**(1) 与对话的精神相冲突**

学校制度的安排是否与对话的精神相冲突,是审视学校制度是否有助于对话教学展开的视角之一。一般而言,学校制度的安排与对话的精神是相通的,它就有助于对话教学的展开;相反,则会限制对话教学的展开。

无可否认,学校建立一些规章制度是为了确保教育、教学活动的正常运转。这可能只是建立学校制度的直接动因,但绝非建立学校制度的惟一动因。如果再追问一下"为什么要确保教育、教学活动的正常运转?"我们就会发现,在"成事"的背后还有一个更为基本的"成人"的目的,换言之,确保教育、教学活动顺利展开的目的是以人的发展(既有学生的身心发展也包括教师的专业提升)为归宿的。实际上,这种浅显的道理是很多教育管理者都能意识到的,但是在实际的运作过程中,我们常常可以看到,这些人又是看"事"不看"人"的,见"物"不见"人"的。

在这样的制度环境中,教师和学生只被看作是学校制度的忠实的执行者、被动的接受者,因而也失去了参与学校制度建设的主体意识。在这里,实际上暗含着一个恶性的循环:学校制度的安排由于失去了教师和学生的主动参与,又遭到教师和学生的抵制与反对;同时,教师和学生由于反对既定的学校制度的安排,又会遭到学校制度的惩罚与排斥。由此形成的是教师、学生与学校制度(其代表是学校管理者)的矛盾与冲突。显然,在这样的制度安排中,对话的精神从根本上遭到了放逐;而在一个失却了对话精神的"专制"制度中,我们又如何能期待把对话教学的理念转化为实践呢？正如在一个集权、专制的国家中不能期待人们把民主当作自身的生活方式一样。

**(2) 束缚教师的教学自由**

如前所述，在教学过程中，教师的自由是学生自由的重要保证，因而也是实现教学对话的重要条件。教师如果缺乏相应的教学自由，就难以充分发挥他们教学的积极性与创造性。没有了这种积极性与创造性，即便学生不时地闪耀着智慧的火花，教师也会"泰然处之"，或视而不见，或一概抹煞。长此以往，不仅教师渐渐失去了与学生对话的可能，而且学生也在教师三番五次的"冷漠"之中，丧失了参与文本对话、生生对话以及师生对话的兴趣与能力。然而，我们发现，在实践中，学校制度不经意地扮演着束缚教师教学自由的角色。通常，学校总是试图把教师的日常教育、教学行为纳入制度的规范，以便学校管理工作有章可循。这似乎是无可非议的，但其中潜藏的"危险"也是不容小视的。

**(3) 刚性的教育评价机制**

在学校制度中，对教师和学生的评价是一项常规性的内容。由于评价对被评价者具有很强的导向作用，因此，教师或学生评价取向与方法上的不同，也必然会影响教师或学生参与教学活动的方式。

在以鉴别、分等、选拔为目的的评价机制中，作为被评价者的教师或学生，是处在相互竞争的关系之中，即为了获得更高、更好的评价，每个教师或学生都必须尽力超过其他教师或学生。在这一过程中，他们渐渐把其他人看成是自己成功道路上的障碍，必须一一扫除。由于局限于狭隘的个人私利，缺乏必要的沟通与交往，教师之间或学生之间最终走进了相互"敌视"、相互封闭的"怪圈"。这一点在当下的教育实践中，是随处可见的。日益"精细"的量化评价，更是把教师和学生置于"数字"的奴役之下，用齐一的数量化标准削平了教师和学生所具有的多样化的教育经验。这些都是对话教学所不能容忍的：竞争性的关系销蚀了多重对话的可能，而数量化的方法抛却了对话者的差异性，使对话失去了存在的根基。

在以教师或学生的发展为目的的评价机制中，教师或学生在评价活动中的地位得到了重新确认：他们既是评价的客体又是评价的主体，同时，教师之间或学生之间的关系也发生了根本性的变化：从竞争走向合作。由于这种评价的落脚点从外在的方面转向了内在的方面，即从符合评价目的或标准转向了促进教师的专业提升或学生的全面发展，每个教师或学生都赢得了自由发展的新空间，都可以把目光倾注在自身的发展上，而不需要太多地在意他人的发展对自身造成的威胁。从根本上说，每个人的发展都是以他人的发展为条件的，这意味着人与人之间的发展不是此消彼长、相互冲突的关系，而是一种共在、互惠的关系。在承载着善的教学活动中，意识到这一点显得尤为重要。因为尊重他人，承认他人发展的独特价值，不仅是教育的内在意义，也是对话教学的必要条件。

在上述两方面的对照中，可以看到不同评价机制对对话教学具有的不同意义。

## 2. 对话教学的制度支持

尽管对话教学可能面临着学校制度的限制，但它又不能离开学校制度的背景，或者回避学校制度所带来的问题。因此，要想顺利地展开对话教学，我们必须直面学校制度本身，通过学校制度的重新安排，把它转化成对话教学的重要资源。

**（1）制度安排的总体原则**

在一个失却了对话精神的制度中，是不可能产生真正意义上的对话的。如果这一论断成立的话，那么，促进对话教学的学校制度就应该体现对话的精神。这是学校制度安排的根本原则。要贯彻这一原则，学校制度的安排大体可以从以下方面入手：

第一，以对话为目的，制订学校的各项制度。这主要是指，学校制度的制订目的应体现对话的精神。学校在制订某项规章或制度的时候，总是为了达成某种目的。在通常情况下，人们并不去追问这个目的，因为这个目的似乎十分明了，它总是指向某项教育、教学活动的顺利完成。以此为目的形成的学校制度，往往带有很深的规范与制约的痕迹。相反，以对话为目的来制订学校制度，不仅能有效地规范教师和学生的行为，而且能激发教师和学生积极主动地参与学校制度的建设。

第二，以对话的方式，形成学校的各项制度。这主要是指，学校制度的形成过程或制订程序应体现对话的精神。首先，学校制度的制订要尽可能地体现相关利益群体的参与；其次，要允许这些群体在参与的过程中，自由而充分地表达各自的意见；再次，鼓励这些群体注意倾听彼此的声音，在彼此尊重的基础上，进行真诚的沟通与对话；最后，达成共识。

第三，以对话的方式，实践学校的各项制度。这主要是指，学校制度的实践过程应体现对话的精神。在贯彻和执行学校制度的过程中，如果还采用一些粗暴的、专制的方式，这些制度的内容即便完满地展现了对话的精神，又必然回到原来的道路上去了。对话是在对话式的生活中孕育的。

**(2) 建立对话教学的辅助制度**

接下来，我们将结合对话教学的内在要求，尝试提出一些辅助性的学校制度，以保证对话教学的顺利展开。这些辅助性的学校制度主要包括：

第一，以对话教学为依托，建立"教师共同体"。

教师是对话教学的依靠力量，从这种意义上说，教师的发展将最终决定了对话教学的实施成效。尽管对话教学的形式在孔子与苏格拉底那里就已露端倪，但是作为一种完备的现代教学形态，对话教学在理念上还只是一个新生事物，在实践中还处于摸索的阶段。同时，由于对话教学对传统教学的冲击是全方位的，对于那些已经习惯于传统教学的教师来说，实施对话教学无疑是一项痛苦而艰辛的过程。之所以痛苦，是因为教师"自鸣得意"的一些传统教学观念受到了全面的挑战与颠覆；之所以艰辛，是因为教师在对话教学的实践中，由于一时难得要领，而又常常感到无助和彷徨。要克服这些困难，教师不能再局限于个人的视界，而必须走进集体的空间，依靠集体的力量，寻求集体的智慧，在集体中谋求个人的发展。为此，我们提出了"教师共同体"的概念。这里所指的"教师共同体"，主要由以下特征：

①它是以对话教学为依托的，是由一群有志于对话教学的教师所组成的。这意味着，这些教师不只是单一学科的，更多的是多学科的。

②它不具有强制的约束力，以教师的自愿、自主参加为主，因而教师是自由的。

③它定期或不定期地举办一些教师交流活动。一般来说，在共同体初建时期，宜采用定期交流的方式，以便形成共同体成员参与习惯。

④它一方面鼓励共同体成员内部的积极对话，另一方面欢迎共同体以外的教师的参与，因而它又是开放的。

⑤它主张以对话教学中的问题或主题为核心，进行富有建设性的真诚沟通。一般来说，这些问题或主题直接来自于教师的实践。

总之，在这样的"教师共同体"中，每个教师在向共同体贡献个人经验与智慧的同时，也能分享到来自其他教师的经验与智慧。在参与共同体生活的过程中，教师逐渐会明了个人视野的局限性，同时学会尊重他人视野的独特性，最终实现个人的专业发展。

第二，以对话为主旨，建立班级新制度。

在学校中，教师与学生的关系主要是以班级为纽带建立起来的。从社会学的角度来看，班级是一种社会组织，但又不同于其他社会组织，具有"自功能性"与"半自治性"的特征[①]。其中，"半自治性"特征实际上也就暗含着学生对教师的依赖以及教师对班级的调控。由于学生处在相对"劣势"的地位，他们对教师的态度与情感，很容易受到教师干预或调控方式的影响。反过来，这种态度与情感又可能决定了他们与教师的交往方式，进而决定了他们在教学过程中参与对话的可能性。因此，教师并不是独立于班级之外的，而是以一种积极的方式参与班级建设的。

过去，教师对班级的影响通常是单向的、控制性的，即教师"发号施令"，学生"言听计从"，因而两者的关系也就是"权威—服从"式的。在此情况下，教师实际上成了班级组织各项活动的"导演"，班级的正式结构也必然变成了金字塔式的等级结构：班干部——组长——组员。从一定程度上说，这种结构是导致学生地位差异和权威服从观念的重要原因。这种单向度的、等级性的结构，与对话教学所强调的师生、生生之间的多向互动与平等参与的精神，是水火不容的。因此，要展开真正的对话教学，就必须依据对话的精神，致力于班级组织本身的制度变革。这种变革大体可以从以下方面切入：

①重新定位教师在班级中的作用——教师应该把班级还给学生，不再以权威的身份强力要求学生服从和接受自己的意见，而应当在班级中扮演好学生生活辅导者、学习伙伴、工作咨询者或协商者的角色，帮助

---

[①] 所谓"自功能性"是指，班级的建立不仅是为了实现某些外在的目标，如提高教学效率、便于学校管理等，而且是为了满足学生内在的学习需要；所谓"半自治性"，是指班级作为非成人组织的班级，并非完全靠自身的力量来管理自身，而是在相当程度上依靠外部的力量。参见吴康宁：《教育社会学》，人民教育出版社1998年版，第277~281页。

### 三、对话教学的实施条件

学生自主地形成班级的日常生活制度。

②重新定位班干部在班级中的作用——班干部必须实现从"领导者"向"服务者"的角色转变,充分地树立起集体意识、服务意识、民主意识。

③把体现对话精神的原则引入班级制度——例如,民主、平等、理解、宽容、自由等概念,都从某个侧面反映了对话的精神。这些概念如果仅仅停留在"口号"式的宣传上,则显得十分的苍白无力;但如果把它们转化为班级日常生活制度的内容,以达到规范学生或教师行为的目的,其效用必将更为久远。

④为了保证师生、生生对话的顺利进行,可以尝试分别建立师生日常交往和生生日常交往的具体规则。

综上所述,在对话教学背景下,不仅教师和班干部的角色发生了根本性的变化,而且班级组织也实现了从金字塔式结构向扁平式结构的转变。这一转变,意味着班级每个学生都是平等的参与对话的主体,只不过有些学生多了一份服务他人的责任(而不是控制他人的权力)罢了。

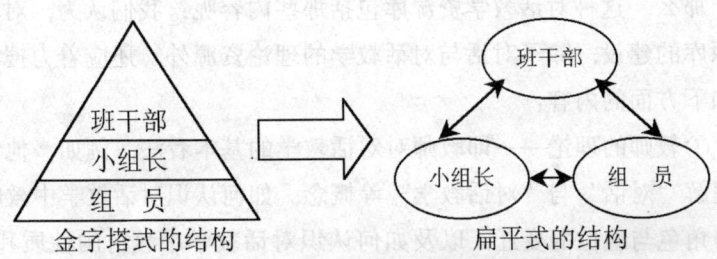

金字塔式的结构　　　扁平式的结构

第三,多渠道地搭建师生、生生对话的平台。

一般来说,对话教学的实施是在课堂中进行的,也许时间的跨度只有30～50分钟,甚至更短。但是,为了保证对话教学持续、有效的展开,围绕对话问题所做的准备工作,却是长期的。我们不能等到对话教学实施的时候,才想起要让教师和学生形成良好的对话意识与习惯。实际上,这一步工作需要在日常的学校生活中逐步地完成,要把对话变成教师和学生的一种生活方式。为此,学校可以考虑多渠道地开掘一些现实资源,为师生、生生对话提供便捷的平台。例如,学校可以根据自身发展的实际,设立专门的"对话厅"或"对话室",为学生自由地表达意见、寻求与教师或其他学生的理解提供现实的场所;或在学校或班级中,设立"对话箱",鼓励学生自由留言,同时教师要及时地对学生的信息进行认真的分析和反馈；另外，有条件学校还可以利用"校园网"的优势，为每个教师开辟专门的"师生对话窗"，以便学生与教师展开有针对性的对话。如此等等。但是，要使这些对话活动更加的经常化与高效化，还有必要从学校制度的层面赋予它们存在的"合法性"，即在学校规章制度中对这些活动的具体运作做出积极而明确的规定。

第四，建立对话教学资源库。

建立对话教学资源库的目的，是为了在参与对话教学的教师之间实现资源共享。之所以要建立这样的资源库，主要有三个方面的原因：一是对话教学还处在不断的探索与实践之中，尚未形成一套成熟的实践框架，因而教师要注意借鉴和吸收其他教师的成功经验，对自身的教学实践进行创造性的重构，另一方面也要结合自身的经验，对其他教师的实践进行反思和批判；二是对话教学不仅改变了师生之间、生生之间的关系，而且促使教师与教师之间的关系从竞争走向了合作、从排他性的发展走向了共生性的发展；三是集中各种对话教学资源，将有助于对话教学理论内涵的提升与实践模式的建构。

那么，这种对话教学资源库包括那些内容呢？我们认为，对话教学资源库的建设，除了对话与对话教学的理论资源外，还应着力搜集和整理如下方面的内容：

①教师的理论——即教师对对话教学的基本看法，例如，他们是如何理解"对话"与"对话教学"等概念，如何认识对话教学中教师与学生的角色与地位的变迁，以及如何认识对话教学中教材的性质和作用，等等。

②教师的实践——即教师实施对话教学的环节或过程，例如，他们是如何选择与组织教学内容或主题，如何激发学生参与对话的动机，如何促进学生之间的有效交流，如何对学生的反应做出积极的反馈，等等。

③教师的反思——即教师对对话教学实施过程的整体反思，这主要涉及到，教师对教学目标的达成度、教学内容的适切性、学生的参与程度、对话的有效性、教学过程的连贯性等方面的反思。

④学生的反应——即学生对对话教学的认知与情感，例如，他们是如何认识"对话"与"对话教学"的，如何看待自身在对话教学中的新角色，如何看待教师在对话教学中的行为，等等。

⑤学校的反应——即学校对教师实施对话教学的态度与举措,例如,学校是否支持对话教学?如果支持,又有哪些具体的举措?实施对话教学对学校的发展产生了哪些方面的影响?等等。

⑥家长的反应——即家长对教师实施对话教学的态度,例如,他们是支持还是反对?理由何在?等等。

可以说,无论是成功的经验还是失败的教训,无论是积极的支持还是彻底的否定,只要与对话教学相关的内容,都可以以多种多样的方式纳入到对话教学资源库中。

# 四、对话教学的实施过程

前面关于对话教学实施条件的论述，只是表明对话教学理念具有转化为实践的可能性，至于在具体操作的层面上如何转化，这是本章将要着力解决的问题。总体来说，对话教学虽然在理念上迎合了甚至超越了时代发展的要求，但在实践中仍处在摸索的过程之中。为此，一部分教育研究者开始了富有意义的探索，试图建构对话教学的过程模式，以便为中小学的对话教学实践提供有益的指导。在这些探索中，主要有两种比较成型的对话教学模式。下面做一些简要的介绍。

**模式1 对话教学的理性模式**

根据 Carver 等人的目标理论，个体的任何由意识上升到行动的心理过程都包括激活、维持与实现这三个阶段。从心理机制上来说，对话教学的过程也蕴含着这三个阶段的特点，同时表现为四种外显的表征方式："问答"式、"愤悱"式、"交际"式和"辩论"式。从教学要素之间的关联来看，对话教学必须以问题为轴心，以师生角色的变更为条件，以教学期望为归宿。综合考察了这些因素后，有研究者建构了一种对话教学的理性模式。（见下图）

对话教学

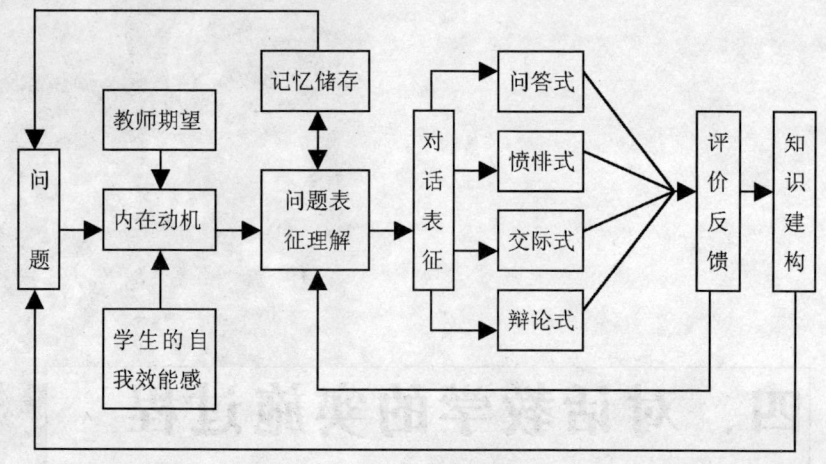

该模式包括四个阶段：

(1) **内在动机激活阶段**。该阶段的初始状态是教师将设计的真问题作为有效的刺激物，或将教学过程中的疑点转化为问题形式，由此激活学生的内在动机，并在教师期望和学生自我效能感的共同作用下，使学生的内在动机进一步得到强化，从而过渡到下一阶段。

(2) **问题表征理解阶段**。学生的内在动机在激活、强化后，将主动调用记忆储存的认知图式或经验参与表征理解。如果学生认知结构中缺乏与问题相关的内容和知识背景或检索、提取失败，学生有可能倒退到初始状态；如果学生的认知结构与问题表征理解相匹配成功，学生将参与对话。

(3) **对话表征阶段**。这一阶段以问答方式作为原始动力，而后逐步运演为启发、讨论或辩论形式的表征方式。在这一过程中，问答形式始终穿插在其他三种表征方式的运行机制里，起辅助、补充的作用。而学生主要是通过启发、讨论或辩论的对话形式参与对话，这样，学生可充分调动脑力资源，对表征后的问题深入解析、探索，以寻求答案。

(4) **评价反馈阶段**。这包括师生双向的评价与反馈。如果评价反馈时发现问题探讨中存在遗漏与失误，学生将重新返回理解问题表征阶段，再度检索、提取记忆信息，对问题内容作再次理解。如果学生的疑问豁朗，问题得到解答，则可建构新的知识体系，同时又会产生新的问题，形成新的疑惑。①

**模式2　对话教学的"源—流—场"模式**

该模式立足于场论（field theory），认为教师、学生、文本是平等、独立、自组织的"对话源"。通过各种教学方法和手段，激发这些"对话源"互相作用、彼此对话，形成"对话流"（包括教师—学生、学生—学生、教师—文本、学生—文本等）。再通过"对话流"的不断碰撞、交流、迸发，进而创建一个动态的、具有无限潜能的"对话场"。这一模式可以概括为如下图示：

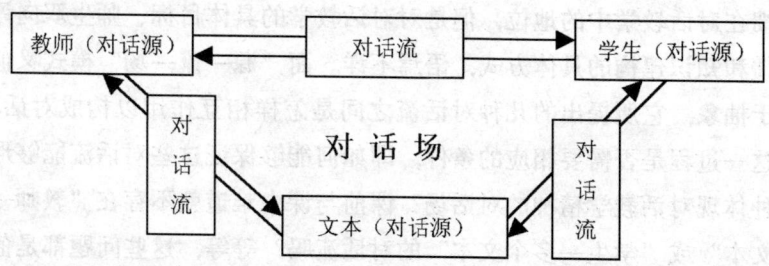

根据"对话场"中"对话流"的构成及作用方式的不同，可以把对话教学的过程分为三个阶段：

**(1) 课前的能量积蓄阶段**。该阶段的对话流主要有：教师—文本、学生—文本。基本流程是：寻求背景性知识（文本相关的社会历史知识、作者知识、文体知识）——理解文本（感受文本、深入文本、质疑文本，与文本进行潜在的言语交流和情感共振）——写出对话过程（教师侧重在如何创建课堂对话的情境，学生侧重在形成自己的观点以便参与课堂对话）。

**(2) 课堂中的能量转变阶段**。多个对话源首次交会，形成了多个对话流：教师—学生、学生—学生、教师—文本、学生—文本；这些对话流之间的相互作用，又构成了开放的对话场。在这一过程中，每个对话源都将发生实质性的变化：教师作为"平等者之中的首席"，从外在于学生情境的专制者转变为同这一情境共存的、内在于情境的领导者；学生因平等的对话而获得了作为个体人的言语能力和个性的发展；同时，文本因对话而获得了全新阐释，教师也因对话而得到自身的提高。

---

① 以上参见朱德全、王梅：《对话教学的模式与策略探析》，载《高等教育研究》2003年第2期。

**(3) 课后的能量拓展阶段**。在这一阶段，对话流主要有：教师—更多的文本、学生—更多的文本；教师—学生。同时，对话场由有限的课堂空间拓展到更广阔的课外天地。[①]

毫无疑问，这两个模式从不同的视角提供了关于对话教学展开过程的整体图景，对我们进一步分析和建构对话教学的过程模式具有重要的参考价值。但是，这两个模式也存在着一些局限，例如，"理性模式"客观上把教师的真问题当作对话教学的轴心和起点，从而在一定程度上忽视了学生提问于对话教学的重要意义；同时，该模式也注意到评价反馈在对话教学中的地位，但是对对话教学的具体目标、师生双向评价反馈和知识建构的具体方式，语焉不详。而"源—流—场"模式又似乎过于抽象，它所提出的几种对话流之间是怎样相互作用以构成对话场的？这一过程是否需要相应的条件，即如何能够保证这些对话流能够形成一种体现对话教学精神的对话场？课前与课中难道就不存在"教师—多个文本"或"学生—多个文本"的对话流吗？等等，这些问题都是值得进一步思考的，但也是我们描述对话教学一般过程的借鉴资源。

教师、学生与文本是对话教学的基本构成要素。以不同的要素为立足点，可以对对话教学的过程模式做出不同的描述。就教学活动的组织而言，教师在对话教学中的主导地位是不可忽视的，也是不可替代的；实际上，离开了教师，离开了教师的实践，对话教学就失去了转化为现实的可能性。有鉴于此，这里还是坚持从教师的角度，对对话教学的过程模式做一些初步的规划。

根据对话展开的一般过程以及教学活动本身的特殊性，对话教学作为一个完整的系列，大体需要经历以下过程：确定教学目标→筛选教学主题→创设教学情境→激发学生参与→促进学生在对话中主动建构。需要指出的是，这一过程模式只是一个参考性的框架，在具体的实施过程中，教师可根据自身教学的实际，合理地选择其中的某些步骤，或对这一过程模式本身进行修正或调整。

---

[①] 以上参见孙芙蓉：《互动、对话、转变——"对话源—对话流—对话场"教学模式图解》，载《浙江海洋学院学报》（人文科学版）2002年第2期。

## （一）确定对话教学的目标

从根本上说，任何教学都是以目标为导向的，对话教学也不例外。作为一种特殊的教学形态，对话教学不仅要遵循教学目标设定的一般原则或程序，更重要的是从自身的特点出发，设计相应的教学目标。

### 1. 对话教学目标的特点

概括来说，对话教学的目标具有以下特点：

**(1) 对话性**

在传统的教学中，对教学效率和效果的追求，几乎成立教学目标的代名词。从根本上来说，这种追求体现的是一种工业化的操作模式：学校庸俗化为工厂，教师变成了工人，而学生则沦落为有待加工的原材料。在这种模式下，一方面教师和学生的个性和创造性都遭到了压制，另一方面教师和学生之间逐渐走向了两极对立，这种对立主要表现为主体与客体、监控与被控、塑造与受塑、灌输与接受的单向度关系。由于长期处在这种刻板的、机械的、压抑的情境之中，许多教师和学生都失去批判的兴趣与能力，更不用说对话精神和对话能力的提升了。

那么，在对话教学中还要不要效率和效果了呢？事实上，对话教学并不否认教学效率和效果的合理性，相反，它对教学效率和效果必须做出承诺。因此，关键的问题不在于对话教学是否需要效率和效果，而是它看待效率和效果的方式。众所周知，效率和效果反映的是投入和产出、过程与结果的关系，但不管怎样，它们都是指向一定的目标或结果的，或者说，是围绕着一定的目标或预期的结果展开的，因而讨论效率和效果的问题，就不能不进一步追问效率和效果背后所体现的目的或目标问题。正是从这种意义上说，对话教学与其他教学形式的根本差异，就在于它把对话本身视为教学的终极价值，即以学生对话精神与对话能力的提升为最终的依归。这意味着，对话教学对教学效率和效果的追求，是以是否有助于学生对话精神与对话能力的提升为衡量标准的；如果失去了这个标准，对话教学就会在目标上发生偏离，从而失去了自身存在的根基。这是"对话性"的第一重含义。

与此相关的第二重含义主要是指对话教学不仅要在具体目标上纳入体现对话精神和对话能力的内容，而且在目标制订的过程与方式，也要充分地体现对话的精神。应该说，教学目标通常是指向学生发展的，但在以往的教学目标选择和制订中，又常常只有教师的参与，因而失去了对学生经验的应有关照。或许这也是教学走向"独白"和"单边"的开始。在对话教学中，教师应该走进学生，允许他们自由地表达个人的经验，甚至可以让他们参与教学目标的选择与组织。这里的学生参与，主要有两点：一是陈述个人的学习经验，结合教师的指导，形成个人的学习目标；二是表达个人对教师教学组织的期望。这两点对教师教学目标的选择与制订具有重要的意义：学生陈述的学习经验与学习目标，在一定程度上反映了学生的自我认知或自我预期，这种认知或预期为教师教学目标的形成提供了参照的基础；而学生对教师教学组织的期望，则在一定程度上反映了学生对教师的心理预期，这种预期有助于教师的自我认知。

**(2) 生成性**

在传统的教学中，教学目标往往带有刚性的特征，一旦确定，便具有对教学过程与评价的优先性，以至于许多教师总是希望把一些偏离既定教学目标的不确定因素，限定在最小的范围之内。在这一问题上，这些教师似乎总是对下面两个事实置之不理：一是教学目标是由教师参照课程标准，自主选择和制订的；二是教学情境总是动态的、充满着不确定的。前者意味着教师应该是教学目标的制订者、控制者，而不是把自己束缚在这些外在的教学目标上；后者意味着教师必须根据教学情境的变化，生成各种课程资源，同时丰富原有的教学目标。由此可以说，合理的教学目标应该是弹性的、开放的，因而也是可变更的。

对话教学承认目标对教学过程的导向作用，但是这些目标及其导向作用并非一成不变的，恰恰相反，它们必须保持对教学情境的高度敏感性，适时地做出调整，因而是处在不断的生成过程之中。事实上，对话不是一个完全可以用目标来解释的过程，人们参与对话也并不完全是为了获取某种既定的利益或达到某种个人的目的，或许更多的是处在一种个人的好奇心和兴趣。同时，教学中的对话是开放的，教师与学生参与的过程中不断地生成新的意义和资源，这些意义和资源往往是对话展开之前所难以预料的，甚至是偏离了既定的教学目标，但是这种偏离正是对话教学所追求的效果，因为它使对话者摆脱了原有的思维空间，赢得了新的审视问题的视野。这本身展现了对话于对话者的思维挑战。如果对话不能对学生造成一种视野上的冲击，如果对话不能给学生带来新的思想刺激，如果教师始终固守既定的教学目标，不谋求这些目标与教学情境的适切性，那么，对话也就缺乏激发学生参与的吸引力。

**（3）整合性**

如同其他教学形式一样，对话教学涉及到多种多样的教学目标，有认知的、情感的、技能的目标，有学科的、活动的目标，也有描述性的、表现性的、行为性的目标，等等。由于所涉的教学领域不同，这些目标之间的相互作用方式也必然会有所差异，如有些目标是显性的，有些是隐性的；有些目标是主要的，有些是次要的，甚至是附带的。但是，无论这些目标之间存在着怎样的差异，它们都是统摄在一个总的目标之下，即通过对话，实现意义的分享，达成理解与共识。同时，在实际的操作过程中，很难把不同的教学目标具体化到一个个独立的环节中去，因为一个教学环节也许蕴涵着多个教学目标，一个教学目标可能贯穿在不同的教学环节之中，而且一个教学目标的实现或许也意味着其他目标的达成。

在对话教学目标的设定上，尤其要有这种整合的意识。作为对话者的师生双方，都是以一个独立的、自由的、完整的个体参与对话过程的，并通过这一过程谋求共同的成长和发展。同时，对话教学是从对话者之间的差异开始的，通过一系列智慧与情感的碰撞，最终走向理解与共识。需要指出的是，这种理解和共识不是观点或意见的完全一致，而是一种对话者基于差异的相互促进、共同提升的状态。要达到这种状态，就必须坚持下面的前提：每一个对话者都是独特的个体，都能以自身的才情与智慧，为对话提供某种特殊的看待问题的视角。如果对话者不能以这样的眼光审视他人，那么对话的过程也就可能举步维艰。这要求我们在制订对话教学目标的时候，必须从学生的整体性出发，在差异性的基础上谋求多方面的理解和共识。

**（4）持续性**

对话教学的独特价值就在于"对话"，是通过"对话"并为了"对话"的，即师生在参与对话的过程中，逐步形成对话的精神与能力。但是，这种对话精神与能力比较抽象，必须以具体的教学内容为依托，否则就会变得空洞无物，缺乏指导意义。因此，在对话教学目标的设定上，不一定要将"对话精神"和"对话能力"等字样写进教学目标，更多的是要通过各种具体的教学安排，如主题讨论、小组合作、大组交流等，融入对话精神与对话能力的培育。由于这种对话精神与对话能力属于个体内在的方面，不易从单个的外在行为的变化中直接判定其变化。因此，要确定学生在对话精神与对话能力上的提升，必须从学生参与对话过程的一贯性和持久性切入。对于生活在多元社会中的人们来说，他们都能意识到对话的重要意义，但是一旦涉及到参与对话，很多人就感受到对话的艰难，因为稍不留神，"对话"就会变成"独角戏"，就会陷入"争吵"，久而久之，就会有人退出对话的过程。正是从这种意义上说，要保持对话教学的持续推进，就必须首先从教学目标上确保这种对话的持续性。

### 2. 对话教学目标的设计

一般来说，教师在进行对话教学目标设计时，既要从社会的需要和学科的特点出发，又要综合考虑学生身心发展水平和学校的现实条件。下面我们将选取两个目标设计的维度，简要说明对话教学目标的基本设计方式。

**(1) 基于目标领域的设计**

所谓目标领域，主要是指预期学生学习之后所发生变化的行为领域。在这些行为领域中，学生又可能表现出不同的学习水平。围绕目标领域和学习水平，国内外的许多研究者都尝试对教育目标进行分类。其中，影响较大的是美国教育学者布卢姆等人提出的教育目标分类学。他们认为，教育目标主要涉及到三个领域：认知领域、情感领域和动作技能领域；在每个领域中，教育目标可以有学习水平的差异。由于这种分类学是在美国的文化和教育背景提出的，若要应用到其他国家或地区，可能需要做相应的调整与修正。为此，我国教育研究者也尝试对布卢姆等人编著的教育目标分类学进行过修正（见下表）。[1]

---

[1] 参见施良方、崔允漷主编：《教学理论：课堂教学的原理、策略与研究》，华东师范大学出版社1999年版，第140~141页。

表4.1 目标领域、学习水平及其定义

| 领 域 | 学习水平 | 定 义 |
| --- | --- | --- |
| 认知领域 | 1. 知识 | 事实性信息的回忆 |
|  | 2. 领会 | 理解的最低水平；提供理解的证据和运用信息的能力 |
|  | 3. 应用 | 用抽象原理来解决问题 |
|  | 4. 分析 | 区分和领会各种相互关系 |
|  | 5. 创造 | 结合各个组成部分以形成一个新的整体 |
| 情感领域 | 1. 接受 | 自愿地面对刺激 |
|  | 2. 反应 | 自愿地对刺激做出回应 |
|  | 3. 价值判断 | 对刺激形成一种态度 |
|  | 4. 信奉 | 一贯地按照内发的、稳定的价值体系行事 |
| 动作技能领域 | 1. 模仿 | 按照指示和在指导下从事简单的技能 |
|  | 2. 操作 | 能独立地完成一项技能 |
|  | 3. 熟练 | 能准确地、自动化地完成一项技能 |

总体来说，上述教育目标分类学在对话教学中仍然具有一定的适用性。但是，由于目标领域与对话教学本身的契合程度不同，这种适应性又表现出程度上的差异。其中，动作技能领域在对话教学中存在的空间就相对有限一点，这主要是因为：动作技能具有相对稳定的结构和习得程序，往往是较为确定的，允许教师和学生探究的空间较为狭窄，这与对话本身的开放性要求相处较远。鉴于这一点，我们还是采用日常教学实践中使用的目标分类的方式，即从知识、能力、情感三个维度陈述教学目标。下面我们将结合对话教学的特殊性，具体描述教学目标的这三个领域。

①知识领域

在对话教学中，知识与对话是紧密关联的：知识是对话的重要目标，而对话是增进知识的基本方式。关注学生知识的增进，也是对话教学的题中之意。与其他教学形式不同，对话教学关注的不仅仅是确定的、已知的、单个的知识，更为重要的是不确定的、未知的、关联性的知识。这主要是因为：对话教学不是简单地向学生灌输既定的知识，而是协助学生在参与对话的过程中自主地建构新知识。因此，教师在陈述知识目标时，要综合考虑以下方面的因素：

首先，教学必须予以传递的知识有哪些？

其次，在这些知识中，哪些是基础性的？哪些是拓展性的？

再次，学生在这些知识的学习中可能会产生哪些理解与对话？

第四，从这些知识出发，学生与原有的知识可能发生怎样的关联？他们又可能会建构出哪些新的知识？

②能力领域

就能力领域而言，对话教学尤其强调的是以下方面：

一是批判的能力。对话是一种思想的交锋、思维的碰撞，而不是唯唯诺诺、人云亦云。要达到这种交锋与碰撞，首先就要求对话双方彼此保持一种开放的态度与独立的精神，批判性地审视对方思考问题的立场与方法。没有这种怀疑的精神和批判的能力，教师、学生、文本之间就不可能产生一场真正意义上的对话；尤其是那些缺乏独立思考精神的学生，就可能表现出"唯书"、"唯师"的倾向。对话始于思想的差异与距离，这种差异与距离又源自于个体的批判精神。

二是发现问题的能力。在通常情况下，对话是从问题开始的，而且由问题贯穿于始终。学生与教师如果缺乏发现问题的意识和能力，对话往往很难深入下去，甚至有可能中断。这种能力不仅体现在文本的理解和批判上，而且体现在对其他对话者言说的敏锐感知上，其基本的表达方式就是不断地向文本提问，向其他参与者提问。

三是人际交往的能力。对话本身即是一种交往的方式，因此，学生要想顺利介入对话的过程，就必须具备基本的人际交往能力，懂得如何去倾听他人，如何去把握他人表达的要点及其所蕴含的思维方式，更要懂得如何去尊重他人，如何在恰当的时机以恰当的方式表达自己的见解。同时，由这种良好的人际交往能力所构筑的心理氛围，是有助于对话教学的顺利展开的。

四是自我反思的能力。处在对话过程之中的教师和学生，都应该是一个懂得自我反思并在不断反思的参与者。没有这种自我反思的意识和能力，他们就可能对自身在对话过程中的处境缺乏清醒的认知，易于陷入自以为是、轻视甚至排斥他人见解的怪圈，从而失去对话的可能。作为学生对话的辅助者，教师应该督促或提醒学生在对话的过程中，向他人敞亮自我的同时，要经常性地反思自身作为对话者的角色。

③情感领域

对话教学不仅仅是知识再生、能力提升的过程，也是对话者情感交融的过程。一方面，对话教学需要以师生、生生之间所形成的良好心理氛围为条件，另一方面它又可能通过对话进一步增进师生、生生之间的真挚情感。从一定意义上说，对话本身即是一种积极的人生态度和健康的生活方式。

最后需要指出的是，这三个领域的划分只具有理论上的指导意义；在实践中，我们很难区分哪些是知识领域，哪些是能力领域或情感领域。它们通常是胶着在一起的，知识的习得常常伴随着能力的提升与情感的变化，而能力和情感的变化又可能有知识的介入。认识这一点是很重要的，因为很多人片面地以为，我们强调知识的学习，就是对能力的训练和情感的培养等方面的忽视。殊不知，在实际的教学中，根本就不存在独立的、纯粹的知识学习、能力训练和情感陶冶。

**(2) 基于对话者的设计**

在对话教学中，主要的对话者是教师和学生。如果从目标陈述的直接对象来看，对话教学的教学目标设计又可以有如下三种类型：

①基于教师的目标设计

这种目标设计突出的是教师的教学行为对学生可能产生的观念和行为的变化。在表述上通常是"培养学生……"，"促进学生……"，"提高学生……"，如此等等。由于目标设计直接指向教师的教学行为，这类教学目标为教师组织对话教学提供更为直接和便捷的指导和参照。但在陈述目标的过程中，必须考虑到如下两个方面的因素：

第一，目标的设计必须具体、明确，具有可行性与操作性，避免出现过于宽泛、空洞、抽象的陈述。假如教师希望通过某一次对话教学课，培养学生的批判精神和批判能力，那么，他在陈述目标的时候，不仅仅要说明这一目标——"培养学生的批判精神和批判能力"，而且要进一步指出，达成这一目标的具体的途径和方法，比如说：让学生从周围的生活中，例举若干环境污染的事实，并分析和交流造成这种状况的原因。

第二，目标的设计要尽可能地兼顾到学生的生活经验和发展水平。因为教学目标能否发挥效用，不仅仅要看它是否能为教师所操作，更重要的是，要检验它是否真正能激发起学生的参与，是否能在这种参与中获得发展。如果从一开始，学生的生活经验和发展水平就未得到起码的尊重，学生参与对话的可能性必然会大大降低。需要指出的是，这里的生活经验和发展水平实际上包含着两个维度的内容：学生已经占有的生活经验和发展水平与可能获得的生活经验和发展水平。合理的教学目标应该是落在这两个维度之间。

②基于学生的目标设计

这是一种围绕学生学习行为和态度变化的目标设计。它侧重于描述学生参与对话后，在认知、情感和行为等方面可能发生的一系列变化。因此，在表述上通常是"了解……"，"理解……"，"学会……"，"具有……的情感"，如此等等。较之前一类目标而言，这类目标以学生的经验和需要为基础，并直接指向学生的学习，可能有助于学生获得更多个性化的、自由的发展空间，因而也有利于学生自主地参与对话教学的过程。在对话教学中，学生学习目标的设计需要综合把握以下几点：

第一，对学生而言，学习目标应具有一定的挑战性。一方面学生必须克服一定的障碍，才能达成既定的学习目标，另一方面达成目标所需要克服的障碍又不至于超出了学生知识和能力的限度。

第二，学习目标既要体现学生的共同经验，又要反映学生的个别差异。这意味着学习目标应该是具体的、弹性化的。

第三，学习目标也应该具体、明确、可行的。

第四，学生学习目标的制订方式是多种多样的，从制订主体的角度来分，至少有学生自定、教师设定、师生共同商定等三种方式。如果结合对话教学本身的特殊要求，我们可以认为，师生在对话中共同商定学习目标或许是较为妥当的一种方式。这一方面尊重了学生的兴趣、需要与经验，另一方面又有教师视野的介入，这种视野可望弥补学生在兴趣、需要与经验等方面可能存在的褊狭与不足。

③基于教师和学生的目标设计

这种目标设计包含了上述两个方面的目标陈述，既说明了学生学习的预期目标，又指出了教师在帮助学生达成预期目标过程中的作用。在陈述的方式上，两类目标的具体项目之间常常存在着相互对应的关系。这种关系有助于教师和学生在教学和学习的过程中都能明确各自的目标和责任，以便更为有效地达成既定的目标、完成各种具体的任务。为了使这两类目标及其相互关系更加明了，可以采用下面的表格来加以表示：

表 4.2　基于教师和学生的教学目标设计表

| 学习目标（O） | 学生的学习行为（L） | 教师的教学行为（T） |
|---|---|---|
| $O_1$ | $L_1$ | $T_1$ |
| $O_2$ | $L_2$ | $T_2$ |
| $O_3$ | $L_3$ | $T_3$ |
| $O_4$ | $L_4$ | $T_4$ |
| …… | …… | …… |

初看起来，这只是一个最为简单的基于教师和学生的教学目标设计模型，似乎它反映的也只是一种"学习目标——学生的学习行为——教师的教学行为"的线性关系。如果我们把"$L_1$，$L_2$，$L_3$……"与"$T_1$，$T_2$，$T_3$……"中的每一个因子都看成是基于"$O_1$，$O_2$，$O_3$……"的行为系列或行为束，而不是单个的学习行为与教学行为，情况就变得异常的复杂。例如，作为学习目标之一的"学会倾听"（$O_1$），与之相应的学习行为可能涉及到如下一些内容（$L_1$）："能复述他人讲述的内容"，"能概括出他人讲述的要点"，"能明了他人讲述的逻辑"，"能针对他人的讲述提出一些问题"，等等；而与之响应的教学行为则又会涉及到这样一些内容（$T_1$）："向学生讲述一段文字材料，让其指明这些材料的大意"，"组织学生收听录音材料，并概括出录音的基本内容"，"让学生两两结对，先由一方讲述，另一方倾听并重述"，等等。

## （二）筛选对话教学的主题

对话不是漫无边际的聊天，对参与者来说，它是严肃的，是为了真理与意义，为了理解与共识，围绕着共同的话题，在真诚地倾听、言说、反思着。在明了对话教学的目标之后，就必须进一步确定达成这些目标的"话题"或主题。与一般的教学内容不同，这些"话题"或主题往往是开放的、不确定的，或者说，蕴涵着多重的分析视野、多样的解决路径、异彩纷呈的答案。下面主要对对话教学的主题类型、生成方式与呈现方式，做一些简要的说明。

### 1. 对话教学主题的生成方式

对　话　教　学

**(1) 教师主导型、学生主导型与师生共商型**

首先，从对话教学主题生成的主体来看，对话教学主题生成的方式大体可以有以下三种：

①教师主导型

在这种生成方式下，主要由教师进行对话教学主题的设计。由此生成的主题往往能够体现课程标准的要求和教学内容的特点，也便于教师按照预先设定的教学方式进行教学，控制课堂教学情境中的可变因素，达成既定的教学目标。同时，由于主要是教师"钦定"对话主题，无需与学生进行广泛的讨论或协商，这种主题生成方式比较节省时间及其他教学资源。但是，其局限也较为明显：第一，这类主题生成方式对教师的素质有较大的依赖性，如果教师善于把握学生发展的整体状况，能够敏锐地觉察到学生当下的教育需求，同时对对话教学主题的特征有深切的认知，也许他们能够选择适合学生发展的对话教学主题；第二，由于未能充分体现学生的参与，由此种方式生成的主题往往被学生视为异己的、外在的，难以激起他们深入开展对话的积极性；第三，教师往往倾向于从"好"学生的角度去安排教学活动（包括对话主题的选择），其后果是，部分学生被早早排斥在对话教学的边缘，失去了"话语权"。因此，在这种主题生成方式下，教师应尽量考虑到以下因素：

第一，多渠道地获取关于学生发展状态的信息，确定学生发展水平的层次与差异；

第二，围绕教学目标，尽可能多地编制可供对话使用的教学主题；

第三，结合学生发展的整体状态和个别差异，从这些可能的主题中选择恰当的教学主题，以便所有学生都有参与的可能性。

②学生主导型

在这种生成方式，主要由学生自主设计对话教学主题，教师往往只是作为对话的辅导者参与其中。由此生成的主题直接体现了学生的兴趣、需要与经验，因而较之教师"钦定"主题的方式，更能贴近学生的认知方式和思维水平，激发学生参与对话教学的欲望。在这一过程中，教师需要充分地尊重学生的意见，但绝不是置身事外，放任自流。由于学生发展的多样性，如有内向的，也有外向的；有善于表达的，也有不善言辞的；有场独立型的，也有场依存型的；等等，加之学生心智发展的未完成性或不成熟性，他们在生成主题的过程中，可能会出现一些偏

四、对话教学的实施过程

离对话轨道的行为：或各说自话，争吵不休，难以达成共识的主题；或部分学生取得了全面的话语权，而另一部分学生则选择沉默，主动放弃表达自我的权利，从而使形成的主题失去了敞开性的意义。这些都需要有教师的介入，但这种介入不是去提出一个新的主题，以替代学生的意见，也不是在学生提出的众多意见中选择某个作为主题，而是要求教师以平等的、民主的、自由的姿态参与学生的主题生成过程，既作为一个与学生相同的主题建构者参与讨论，又作为一个辅导者适时地调节学生的行为，引导他们选择真正适合自身需要的对话主题。

显然，这种主题生成方式颇费时间，对教师的调节能力也有较高的要求；同时，学生选择的主题未必能体现课程标准和教学内容的要求，因而对于教师完成正常的教学任务，可能会产生一些干扰。要克服这些困难，必须要有教师的正确导向和适时介入。

③师生共商型

为了克服上述两种主题生成方式的局限，更好地体现对话的特点与精神，这里有必要强调一下"师生共商型"主题生成方式的意义。这是一个由师生共同参与、相互协商对话主题的过程。与前两种主题生成方式不同，这种生成方式把教师和学生都看成是对话主题生成的主体，而不是其中任何一方为主导或主要的问题。对话得以发生，首先是存在着两个或两个以上的对话者，而且这些对话者之间并不存在强制的约束关系，他们都是自由的、独立的。因此，就对话者来说，对话的吸引力完全在于对话的事件本身，完全在于自身的求知欲与好奇心。这意味着，对话教学得以维持，首先就必须消解师生之间的权威—服从关系，必须还给学生独立和自由的空间，同时必须保持对话主题对所有参与者的开放性和敞开性。在这里，参与者显然不仅仅指学生或教师，而是兼有教师和学生两个方面，因为对话不仅要面向所有学生，而且要面向教师自身。具体来说，这种"共商型"的主题生成方式，需要考虑以下方面：

第一，教师根据教学目标，提供或提示阅读的文本或教材，以及相关内容的背景知识；

第二，学生多渠道地收集相关信息，与文本或教材展开较为深入的对话；

第三，学生参与小组讨论，表达各自对文本的理解，并尽可能多地提出可供参照的对话主题；

第四，通过组间交流，筛选反映共同问题的对话主题；

第五，教师结合教学目标的要求，以及学生实际的学习状态，对这些共同的对话主题进行整合，并提出明确的对话教学主题；

第六，教师将这个明确的对话教学主题向学生展示，同时说明自己筛选主题的依据，并征求学生对这个主题的意见，经过多次调整，确定对话教学的主题。

---

**案例 4.1**

**师生协商的策略**

对话教学中问题的确定可采取"师生协商"的策略：

先行预习——学生通过自主查阅资料，与教材进行对话：我为什么要学习这一内容？我已经学会了什么？我的问题是什么？

小组讨论——学生根据已有的思考，在小组中开展对话，彼此帮助解决一些问题。其中不能解决的共同问题自然会逐步明晰。

组际交流——进一步罗列筛选出共同的话题。学生可能提出许多超出课程内容和课程标准的探究性内容，教师应充分尊重学生的学习意愿。

合理统整——一方面，协商毕竟是一个共享的过程，不是学生单方面依据自己的兴趣做出学习议题的决定。教师可从知识结构和整体课程出发，补充部分学习议题。另一方面，教师还要以"生活化"的事件统整学生提出的诸多问题，使问题结构化，形成"问题群"，为后续教学提供"蓝本"。

展示问题——这是对前一阶段活动的总结，教师要借助技术手段，及时确定并公示本单元或本课时的学习议题。[①]

---

**(2) 预设型与生成型**

作为一种教学形态，对话教学可以体现在一堂完整的课上，可以体现在课的某些环节上，也可以由其他教学形态转换而来。比如说，在一堂课上，教师最初采用的是独白式教学或灌输式教学，后来由于教学情境中萌生了一些能够诱发学生对话的问题或话题，教师就顺势转向了对话教学。相应地，根据对话教学主题是先于教学过程而设定的，还是在

---

[①] 引自陈顺洁、华卜泉：《对话教学：概念与要素》，载《现代中小学教育》2003 年第 2 期。

## 四、对话教学的实施过程

教学过程中产生的，又可以把对话教学主题的生成方式分为两种：预设型与生成型。

在预设型的主题生成方式中，由于对话主题已在计划之列，且经过教师和学生的精心筛选，教师和学生对对话的展开都有充分的心理准备，甚至已经搜集了大量关于该主题的资料，因此，围绕该主题展开的对话教学应该是较为顺当的。但是，如果处理不当，这些充分的准备又可能影响对话的质量，原因在于：教师和学生易于受预先计划好的内容的影响，缺乏对他人的倾听，甚至漠视他人见解的合理性，从而把开放的、动态的对话变成了封闭的、僵化的形式。

在生成型的主题生成方式中，对话主题是在动态的教学过程中逐步生成的，它尽管是由教师或学生提出的，但是他们对这个主题的到来，实际上都没有充分的准备。就学生来说，未必每个人都对这个主题有相关的知识储备，这可能会导致部分学生难以融入对话过程；就教师来说，他也未必对这个主题有充分的把握，更不确知这个主题会给课堂教学带来怎样的结果。因此，以这类主题为基础的对话教学，对教师和学生都是一个巨大的挑战。但是，这类主题往往具有较强的开放性，由于没有预先的资料准备，教师和学生就不存在受预设观点影响的问题，这就增加了教师和学生参与对话的"现场感"：他们必须认真地倾听，深入地思考，并积极地做出回应，否则就会被排斥在对话过程之外。同时，这类主题是从动态的、复杂的教学情境中生发出来的，不仅拓展了原有的课程资源，生成了新的课程资源，而且体现了教师和学生对教学情境的深切体认。

### 案例 4.2

#### 朗读后……

一次在上诗词欣赏课时，同学们学到宋人方泽的诗《武昌阻风》，原诗是这样的：江上春风留客舟，无穷归思满东流。与君尽日闲临水，贪看飞花忘却愁。学生朗读两遍之后，就笑着对我说："老师，这首诗不在于思想内容，而在于其写法或其他的东西。"我也笑着对学生说："是的，按照我们平时学习诗词的习惯，我们很容易理解这首诗的思想内容，是思乡，是为了表达一种思乡的愁绪，值得我们探讨和学习的，应该是这首诗的表现手法：一是即景取喻，一是委婉曲折的抒情手法。"接下来，教师与学生，学生与学生，学生与文本（诗歌）产生了对话。学生们对"即景取喻"理解得不够好，很多同学们理解为"把情赋在景上"，这种理解很明显失之偏颇。我打了一个很简单的比喻："我现在站在教室里可以说我的爱情就如天上的月亮一样纯洁，我还可以在一个皓月当空的夜晚，对着月亮大声说我的爱情就如月亮一样纯洁，在两个句子中都用了喻体月亮，这两个月亮有什么区别呢？"这时很多同学都兴奋起来，有两个同学同时举起了手，我找了其中的一个同学说："一个月亮是实指，一个月亮是虚指。"我赞许地点了点头，让他继续说下去，"这首诗中，诗人站在船上，船在江边，临流凝睇，取水为喻，显得十分自然贴切，这里的喻体水是实指，这就是即景取喻，最易达到情景交融的境地。"我不禁带头鼓掌起来。由于我在开场白中提到"委婉曲折"这样的字眼，学生一下子就注意到诗中所提到的"闲""忘却"。

学生甲：明明是被春风所阻，无端惹了一怀愁绪，可谓心烦意乱，他却说"与君尽日闲临水"，真有那种闲情逸致临流赋诗吗？没有，这里是实愁而曰闲。

学生乙：明明是心中有无穷归思，有无尽乡愁，根本无心欣赏柳絮飞花，他却说"贪看飞花忘却愁"，实际并没有忘却。[1]

## 2. 对话教学主题的呈现方式

无论采用哪一种生成方式，对话教学主题主要来源于三个领域：学科课程、社会生活、学生生活。与此相应的，对话教学主题主要以下四种类型：学科课程方面的主题、社会生活方面的主题、学生生活方面的主题以及与这三者相关的综合主题。这些主题尽管在内容上各不相同，但都必须体现科学性、趣味性、综合性、开放性、启发性甚至时代性的特点，同时在呈现方式上也体现出一些共通性。概括来说，对话教学主题的呈现方式大体包括如下四个方面：

**(1) 以概念的形式呈现**

这里主要是指从教学内容中选取一个核心的、关键的或统整的概念

---

[1] 姜国斌：《"对话式"语文课堂教学初探》，载《语文教学与研究》2002年第8期。

四、对话教学的实施过程

作为对话教学的主题。这些概念往往能总括或统领整个教学内容，或对说明某个事件、过程具有全局性的意义，或只是表明一个事实、活动本身，因而具有较大的开放性和自由度，凡与该概念有关的问题都可以成为对话的内容。例如，"环保"、"消费"、"雨"、"催化剂"、"WTO 与中国"等。但是，这种主题呈现方式有时也会失之广泛，由于对话所指向的内容不够明确、具体，学生（尤其是低年级学生）往往找不到对话的焦点，因而也难以展开真正的对话。

**（2）以命题的形式呈现**

这主要是指以文本或教材中直接呈现的或推演而来的命题为对话教学的主题。尽管命题是以陈述句的形式对事件或活动做出直接的判断，但是这并不能否认命题本身可能具有的开放性特征，因为对事件或活动所做的判断存在着以下疑虑：这些判断若为事实判断，未必属真，因而可以从真理性的角度提出质疑，或要求提供客观的证据；若为价值判断，情况则更为复杂，每个人都可以从自身的立场和价值观出发，对这些判断的合法性提出置疑，或要求从正反两个方面提供合理的辩护。以这种方式呈现的主题，相对较为明确，便于学生围绕核心问题展开对话。

**（3）以问题的形式呈现**

这是对话教学最为常用的主题呈现方式。直接以问题切入，能较为集中地唤起学生的思考与想象，激发他们探究的欲望和参与的意识。但是，需要指出的是，这里的问题必须是真实的问题，即"真问题"。作为对话教学主题的"真问题"，应该满足以下条件：（1）是教育情境或现实生活中真实存在的问题；（2）是学生学习或生活经验之内的问题，即学生凭借已有的知识与经验可以解决的问题；（3）是能够激发学生参与对话的问题。

**（4）以活动或情境的形式呈现**

如果上述三种形式是直接陈述对话主题的话，那么，以活动为形式的主题呈现方式则是间接的。在这种呈现方式中，对话主题是隐藏在活动之后的，需要对话者通过观察、行动，去亲身地感受、主动地发掘。具体来说，这些活动主要包括：情境模拟、角色扮演、视频观摩、作品展示、参观访问、社区服务、团队活动，等等。这些活动可能是教师有意识安排的，也可能是学生自发组织的，但无论是哪一种组织方式，对话主题都只能是学生在参与活动的过程之中或之后，有了深切的体验与认知，才能逐步明朗、清晰。

**案例 4.3**

### 对话教学的主题类型

以重点和难点问题为对话主题。比如《卖火柴的小女孩》这一著名童话的学习，其知识目标、能力目标、情感目标分别可以确定为"学习生字新词，有感情地朗读课文"；"体会作者展开的想象"；"理解课文思想内容，激起对贫苦儿童悲惨生活的同情"。根据这些目标，教学重点和难点是：从小女孩一次次擦火柴所看到的种种幻象中体会她的悲惨生活；从三个自然段含义深刻的语句中体会作者的思想感情。围绕这两个重难点，教师可以提供系列问题让学生对话：小女孩擦着火柴看到了什么？为什么会看到这些幻景？既然火柴一灭幻景就消失，小女孩为什么还连续地点火柴？从这些问题的讨论对话中，学生会对小女孩的悲惨命运产生深深的同情，并对作者的思想感情有一个准确的把握。

以焦点问题为对话主题。冯骥才的《珍珠鸟》按照时间的顺序叙述了"我"和珍珠鸟一家三口从相识、熟悉、亲近，到相依相伴的过程，用饱蘸感情的笔墨描绘了一只可爱的小生灵，它与主人和谐而自然的关系尤其感人，文后自然得出"信赖，往往创造出美好的境界"的感慨。这种人与动物和谐相处的境界正是向大自然索取太多而已经品尝大自然报复滋味的人类所向往和一直努力追求的。以这一问题作为切入口，教学中花较多的时间共同探讨环保问题，这样的对话容易开展并且具有现实意义。

以热点问题为对话主题。讲到童话，不妨先将安徒生放在一边，大家一起来说一说今日风靡全球的哈利·波特，学生对童话的幻想特点的体会将会更加真切；讲到网络世界，不妨一起探讨网络世界对人的生活的积极和消极的影响；讲到语言的锤炼，大家不妨说一说学生时尚用语的表达效果等等。这些热点话题已经在学生心中积累了太多的言语素材，所以说起来定然滔滔不绝，并且能通过对话获得知识、提高能力、培养正确的情感、明白人生的道理。显然，这是一种高效的对话。

以疑点问题为对话主题。学习《杜十娘怒沉百宝箱》，学生的疑点集中在"杜十娘既然有那么多的珍珠宝贝，为什么还要跳河自尽？"

这一问题是该小说的艺术表现手法和表现作者思想感情的重笔，很值得探讨对话。通过对话，学生弱化了现代理念对理解这一问题的支配，而将自己置身于当时的社会，对封建礼教对人性的扼杀更加痛恨，对杜十娘以此壮举来反抗、报复恶势力拍手称快，同时也感受到悲剧的崇高和震撼人心的力量，并更加明确了小说悲剧结局对作者思想情感的表现作用。

以歧义问题为对话主题。有的学生认为《舞会以后》中主人公伊凡因为对瓦莲卡的父亲的认识的改变而改变对瓦莲卡的爱情，这是一种简单、粗暴、幼稚的爱情观。有的学生则对其处理办法表示理解和支持。针对这个有歧义的问题，展开对话，使学生对作者的思想有了更加深入的理解。当然，对话的结果可能是一个求同存异的辩证统一体。[1]

## （三）创设对话教学的情境

### 1. 对话教学情境的特征

从根本上说，教学情境创设的目的在于，唤醒学生原有的认知，激发学生探究的兴趣，导入新的教学内容或主题。就对话教学而言，情境创设的这些目的或功用也是适用的，但它在内容和形式上还有一些特殊的要求。一般来说，对话教学情境应具有以下特征：

第一，内含着激发对话的问题或主题。与其他教学情境一样，对话教学情境也是以问题或主题为核心进行组织的，但是在对话教学中，这些问题或主题具有较大的开放性、拓展性，往往能诱发学生积极地投入对话过程。例如：有教师在教小学《几何初步知识整理和复习》时，曾创设过"小金鱼迁入新居"的情境，即分别出示圆柱形、长方形、正方形的鱼缸，并提出问题：如果想给小金鱼找一个宽敞的家，大家准备选

---

[1] 引自邢秀凤：《教学中师生对话的实现途径》，载《教育评论》2003年第3期。略有删节。

择哪一个做它的家呢？而在搬家之前，又该倒多少水呢？① 在这个看似简单的情境中，实则蕴涵着物体体积的计算与比较的问题。由于金鱼与鱼缸都是学生日常生活中较为熟知的事物，以此为物体体积问题的依托，就可能把抽象、枯燥的几何知识故事化、情境化、生活化，从而为学生参与对话提供经验的基础。

第二，体现着对话者的"在场"。一般来说，教师是教学情境的设计者与调控者，他们的认知、情感、经验等因素必然会渗透到教学情境之中，因而他们是无所谓"缺场"的问题。这里所要着重强调的是作为对话者的学生的"在场"问题，即对话教学的情境是否体现了学生共有的经验，是否能够吸引学生参与对话的过程。这就要求教师在创设对话教学情境时，要尽可能地考虑到所有学生的当下状态，而不能仅仅从自身施教的便捷出发。

第三，构筑着亲和性的心理氛围。对话教学情境不仅是对话问题或主题的负载，而且是教师、学生智慧碰撞、情感交融的"心理场"。如前所述，没有一种融洽的、亲和的心理氛围，师生之间、生生之间的对话就不能转化为现实。这种心理氛围的发起与维持，在对话教学的初期，尤其需要借助对话教学情境创设的力量。因为从独白式教学中师生、生生之间的相互警惕转变对话教学中的相互信任，若不借助一系列的转化机制，是不可能实现的；显然，对话教学情境至少可以暂时缓解师生、生生之间的紧张关系，甚至会诱发一部分学生的主动参与。如果要实现对话与对话教学的经常化，教师就需要持久地借助对话教学情境的创设，一步一步地改善师生、生生之间的关系，塑造具有亲和性的、稳固的心理氛围。

### 2. 对话教学情境的创设

#### （1）提供愉悦的言语刺激

亲和性的心理氛围在很大程度上是依靠愉悦的或有效的言语刺激发起的。在通常情况下，一些愉悦的言语刺激不仅能让学生获得了某种心理上的安全感，而且使整个教学从一开始就充满着友好的气氛；这种气氛无疑对提高对话教学的效用具有重要的意义。那么，怎样提供这样愉

---

① 徐国平、黄向阳主编：《以学生发展为本的小学课堂教学策略》，第65页。

# 四、对话教学的实施过程

悦的言语刺激呢？美国学者 Yelon 曾提到了一些具体的措施[1]，这里将结合我国的教学实际，做一些简要的修正。

首先，要让学生了解你尊重他们，且支持他们的学习。这要求教师说到并做到以下事情：

①我知道这件事很难办，但我也知道你能做得到。
②当你需要帮助的时候，请来找我。
③任何问题都是好问题。
④惟一愚蠢的问题就是不提出任何问题。
⑤我很高兴你在这个班级。
⑥假如你需要其他帮助，尽管给我打电话。
⑦我很想知道你是怎样得到这个（错误的）答案的。
⑧请你试着解决这个问题，万一碰到阻碍，我会和你一起来面对这个问题。

……

其次，切忌用以下方式说话：

①我认为你不会做，但无论如何要试试看。
②我认为你和其他人一样，都做不好这件事。
③你怎么会忘记答案了呢？
④你注意力集中了吗？
⑤如果我规定这么做，你还会这么做吗？
⑥这个问题是给聪明人做的。

……

再次，要做到以下事项：

①顺其自然地运用幽默手法。
②课前与课后，都要弄清你的学生做了些什么。
③认真上课，但是不要太呆板，要保持弹性。
④和学生打招呼，要叫得出名字。
⑤清楚而适时地给予反馈。

第四，消除学生的焦虑。尤其是那些一向较为内向或不善言辞的学

---

[1] Stephen L. Yelon 著，单文经等译：《教学原理》，华东师大出版社 2003 年版，第 223～227 页。

生，教师更需要加强与他们的沟通，消除他们在公开场合说话的"恐惧"。而那些"敬畏"教师的学生，一旦有教师在场，通常表现得异常的"沉默与安静"，这倒不是因为他们"无话可说"或"说不出话来"，而是因为他们顾虑过多，常常担心"失言"或"遭到老师和同学的嘲笑"等。为此，教师要以适当的言语刺激与实际行动，消除他们参与对话的"后顾之忧"。

**(2) 布置舒适的物质环境**

如同心理条件一样，物质条件对激发学生参与对话也有重要的作用。如果教师注意从美观、安全和舒适等方面维持一个愉悦的对话情境，这可能意味着他们在关注学生的学习，并且注意到影响学生学习的所有因素。要布置一个舒适而愉悦的物质环境，Yelon 认为可以从以下方面入手：

①使温度舒适；

②保持空气循环顺畅，要特别注意封闭式教室的空气流通；

③提供明亮的灯光和清洁的房间，并且作有目的的结构安排；

④课前与课后放音乐给学生听；

⑤提供活动的适当位置和空间；

⑥提供视觉安排，清除原来墙上的张贴，重新张贴适合教学目标和能吸引学生的图标和标语；

⑦准时上下课；

⑧若是较长的工作坊，应按时在课中休息；

⑨注意教学中任何身体不舒适的线索，如人们拉扯衣服或扭头侧耳听讲。[1]

**(3) 构架适合的对话空间**

研究表明，不同课堂空间的布局，对教学的效果会产生不同的影响。在传统的独白式、灌输式教学中，多采用的是秧田式的座位排列；在对话教学中，这种秧田式的座位排列存在明显的局限：学生都是面朝教师的，学生与学生之间缺乏沟通，在对话教学自由、开放心理场的形成，还与课堂的空间布局紧密相关。对话教学的课堂座位可以有以下几种安排：

---

[1] Stephen L. Yelon 著，单文经等译：《教学原理》，第227页。

①圆桌型——类似于政治对话中不分等级、不分先后的席位安排，利于轮流发言或自由发言；

②马蹄型——组内的"小马蹄"与组际的"大马蹄"相融合，利用小组讨论和组际交流；

③对阵型——面对面的两大阵营，适用于辩论；

④舞台型——相对集中的一片空间，适用于小组表演或中心发言；

⑤自由型——或在草地上，或在小河边，或站，或坐，适用于野外探究活动。[1]

**（4）创造问题情境的基本方式**

从根本上来说，对话教学所需的情境应该是一种问题情境。设置这种问题情境的基本方式是："促使学生原有知识与必须掌握的新知识发生激烈冲突，由此导致学生意识中的矛盾激化，从而产生问题情境。"依据这一基本方式，教师可以采用以下具体方法：

①现场试验或实验演示的方法；

②叙述或再现科学发展史中的事实；

③借助实物、图片、模型等直观手段或模拟、仿真方式，显示与科学知识冲突的日常生活常识；

④提出学生依靠先有知识难以正确完成的作业；

⑤引导学生观察各种矛盾的事实、现象、数据，并加以对照、分析；

⑥利用课文内容中隐藏着的矛盾事实；

⑦引导学生发现现象自身的矛盾；

⑧介绍历史上或当代伟人、学者等对同一问题的不同观点；

⑨从审美的角度对艺术作品进行鉴别和比较，以揭示多元价值与视角；

⑩对学生的典型错误进行分析，既揭示其知识中的不足，也表明学生潜在的发展可能性；

利用学生讨论中对某一问题发表的不同观点；

在教学中，通过引导学生提出假设、检验假设的方法，激化矛盾……[2]

---

[1] 陈顺洁、华卜泉：《对话教学：概念与要素》，载《现代中小学教育》2003年第2期。
[2] 高文：《教学模式论》，上海教育出版社2002年版，第528页。

对话教学

## （四）激发学生参与对话

尽管教师颇费了一番心机，筛选了教学的主题，创设了教学的情境，但是如果没有学生的积极介入、广泛参与，对话便无从说起，这些精心设计的主题和情境及其所蕴涵的对话理念，都会遭到破产。那么，在对话教学中，学生究竟需要怎样的参与呢？教师又如何去激发学生的参与呢？

### 1. 学生参与对话的方式

**（1）倾听**

倾听是学生参与对话的第一种方式。在传统的教学中，学生习惯了教师的滔滔不绝，习惯了做一个被动的"受众"，为了配合教师的教学，他们有时也会表现得十分的专注与入神。但实际上，很多的学生是"身在曹营心在汉"，他们的思绪已经飘忽到教室之外。有些学生虽然也在专心致志地听讲，但由于没有掌握恰当的倾听技能和方式，又常常发生偏离、曲解甚至误解他人意见的情况。又或者，有些学生在课堂上发言总是表现非常积极，由于未能认真倾听其他同学的发言，又屡屡重复其他同学的发言。如此等等。在对话教学中，如果学生缺乏必要的倾听技能、技巧，不愿意或不善于倾听他人见解，对话就失去了坚实的基础。因为对话不只是表达或倾诉，而且是倾听与回馈，两者缺一不可。从这种意义上说，倾听就意味着参与对话。

①倾听的内容与方式

在对话的过程中，学生究竟应该倾听些什么呢？首先要听明白他人（主要是教师和其他学生）所表达的观点或看法，以及在这些观点或看法背后所渗透的知识背景、思维方式、态度情感、动机需求等等。如果仅仅只关注认知的内容，而不考虑动机、情感等因素的介入，这样的倾听也不能算是成功的，因为每个人都是以一个完整的生命体在言说，我们不仅倾听他说了哪些语词，更为重要的是倾听出他的弦外之音，即他真正想说的是什么，或者他言说的背后体现他怎样的思想状态与生活状态。总之，学生在倾听的时候，必须把他人看作是一个现实的、完整的、真实的生命体，尽可能地理解和同情他人审视问题的立场和态度。

除了与其他对话者的直面倾听之外，还有一种倾听是发生在学生与文本之间。这里的文本主要是指各种电影、电视、录像、录音、多媒体等所呈现的内容。在这种情况下，学生是通过声像等媒介与他人产生倾听的，他不能从这些媒介中寻求直接的反馈，或者说，不能向这些媒介确证自己的理解是否合乎文本的"原意"，而必须求助于媒介以外的其他相关人士（如教师）或资料。

接下来的问题是，怎样才是在倾听呢？首先，倾听意味着关注，即在他人言说时，注意力集中，不仅要捕捉他人说话的每一个语词，而且要对他人说话的语气、表情、动作有敏锐的洞察，并能对他人做出积极的回应。其次，倾听意味着尊重，即对他人言说的内容与方式表示高度的尊重，不以一己的先入之见或偏见，去框定他人的观念与思维方式；相反，要善于将他人的言说变为对话的重要资源，善于汲取这些言说的合理之处，同时能对它们的不当之处表现出应有的宽容。再次，倾听意味着理解，既要理解他人言说的语词意义，又要理解他人言说的深层意义。第四，倾听意味着体验，即他人的言说是建立在他人独特的知识背景和生活经验基础之上，对于倾听者来说，这些背景和经验不是直观的，而是蕴涵在他人言说的语词背后的，因而也是有待倾听者通过体验去认知和把握的。至此，可以说，在倾听他人，就意味着在关注、在尊重、在理解、在体验他人。

②提高学生倾听能力的策略

至于如何提高学生的倾听能力，国内外的研究者都提出了一些具体的策略和方法。如国内有研究者提出，训练学生的倾听能力，可以分四个步子展开：听别人说完再发表见解；不重复别人的错误；概括别人发言的主要意思；在倾听别人发言的基础上进行加工。[①] 总体说来，这些意见更多地停留在原则的层次上，因而在操作性方面缺乏具体的内容。在这方面，较有参考价值的还是美国学者布鲁克菲尔德等人提出的三种训练策略。[②]

---

[①] 王志红：《从学会倾听教起》，载《江苏教育》2003年第10期。
[②] Stephen D. Brookfield, Stephen Preskill 著，罗静、褚保堂译：《讨论式教学法》，第106~109页。

(a) 成对倾听——即把学生成对编排，进行强度很大的倾听练习（约10分钟），每个人轮流充当发言人和倾听者。每个发言人的观点陈述不能超过5分钟，倾听者则要竭力抓住发言者所讲的每句话，并通过身体语言（如点头）、感叹词（如"是的"、"哦"）、转述发言者的观点甚至重复发言者的话，做出积极的反馈。此项训练的指导语如下：

由于倾听在成功的讨论中的重要作用，因而你们将要进行倾听练习，以便获取专心听取他人发言的实践经验。你们将与另一名同学结成对子，大概有10分钟的时间。你们其中一个人扮演讲述者，另外一个人扮演倾听者，发言人在讲述自己观点时不能超过5分钟，然后花5分钟的时间扮演另一种角色。尽管发言人讲述的内容很重要，但使这次练习成功的重担是落在倾听者身上的。倾听者不能只是被动地接受发言人的观点，他必须真正理解这些观点的内涵。这意味着他要动用他可能动用的所有办法，来表明他的首要任务是证实和理解发言人的观点。身体语言、目光接触、点头示意、转述发言人的观点、附和发言人的讲话都是专心倾听的一部分。

如果你是倾听者，你就可以提一些问题来澄清某些关键问题，不过尽量要少问，这些活动做起来可能会觉得有些尴尬，特别是当你鹦鹉学舌般地在那儿附和时，附和是可以的，但要保持一定的限度，尽管使你的回答富有变化。认真对待这次活动，尽量做到身心投入。最为重要的是，当你变为倾听者时，要把你的全部精力都投入到听发言人的观点中去。仔细倾听能使人变得兴奋起来并从中受到启发。

(b) 听出主题来——倾听的重点落在对话的主题上而非个人的经验上。在这项练习中，学生要倾听的是教材、电影或图画等，并尽最大努力改述或附和，倾听出这些文本所要表达的主题来。该项训练的指导语可参照如下：

你们已经做了一些灵活倾听的练习，使他们在理解他人讲话时增加了一些实践经验。现在我想让你们做一个叫做"听出主题"的练习。有时我们读完一篇课文或看完一部电影后，很快就忘了，那是因为我们乍一看似乎没明白讲了些什么，但如果再次接触这篇课文或这部电影，我们若能仔细地"听"所讲的内容和表达方式，我们就会惊讶地发现我们已经掌握了它的结构。

用30分钟的时间观看下列内容之一：(1) 20世纪存在主义话剧，

皮兰德芳的《找出作者的六个特点》中的一幕；(2) 一幅20世纪的抽象画，毕加索的《镜前的女孩》；(3) 一部现实主义的短片，本沃尔和达里的《陈·安德鲁这个家伙》。不要被你所看的内容而遇到的困难所吓倒，你只要尽量仔细地听就可以了。你可能会想速记下个别字句、把别人的讲话作通俗的理解或是重述其中的人物、种类、颜色和结构。在你想对所观摩的作品表达情感或是得出自己见解时，抑制住自己的这种冲动，尽量使作品所具有的内涵保持原貌——不要随意从中得出什么结论。

30分钟后，把在上一次练习中合作过的两个人编为一组。互相分享对作品的理解，讲的时候不要做任何删减。哪些人物、种类、结构和颜色应包括其中呢？你所讲的内容要尽可能全面。我们在最后会让每个人又会到班里来，讨论刚刚高强度地练习倾听主题的活动中的感受。这种活动是如何增强或减弱你的兴趣的？它有助于你抓住你觉察到的意思吗？

(c) 专门的倾听者——有时可让个别学生担任讨论或对话的专门倾听者，并且每个学生至少都有一次机会充当这个角色。作为专门的倾听者，他们不用发表自己的见解，但必须在专注地倾听之中，偶尔可以通过提问，证实自己的理解或澄清自己的想法，或用简单的词句或手势表明自己的意见。讨论结束时，他们要总结讨论或对话所表达的主要意思，并对各位小组成员参与水平作出评价。在制订专门的倾听者时，教师应告诉学生下列要求：

- ➢ 听出所讲的话的内涵而不是思考下面要讲些什么。
- ➢ 在支持或反对之前努力理解所讲的观点。
- ➢ 对同意和不同意的观点都同样认真地做笔记。
- ➢ 向参与者提出一些问题，以便澄清、解释一些关键的看法。
- ➢ 向参与者提出一些问题，以便扩大、加深讨论。
- ➢ 忘记小组其他人员对发言人观点的看法。
- ➢ 尽量关注到发言者的自信心水平，并乐意支持他。

### 案例 4.4
#### 要求学生虚心辩证地听

当同学提出异议时，要虚心听取别人意见，但不盲从。如在学习分数应用题后，课后有这样一道思考题：有两根同样长的绳子，第一根截去9/10，第二根截去9/10米，哪一根绳子剩下的部分长？我让学生课后用实际操作的方法来试做。第二天，课堂上同学们纷纷说出各自的解法和答案：(1) 两根绳子剩下部分同样长。(2) 第二根绳子剩下的长。(3) 这道题做不出来。我把它们全部写在黑板上，并未做任何的评价，只是让他们说说各自的解题理由。

学生甲说："我在做这道题时，是用我家的方桌来进行实践操作的，方桌两条边沿同样长，我量出它的9/10正好是9/10米。所以我得出的结论是同样长。"

学生乙立即反驳："他说的不对，因为绳子的长度可能有很多种，我测量了长为2米、10米、17.5米、50米不同的绳子，计算得出第二根绳子剩下的长。"

学生丙："老师，我觉得他们说的都有道理，但这道题做不出来。理由是我用两枝铅笔当绳子来比划，铅笔只有0.2米，截去9/10米是不可能的。"

同学们在虚心听取了别人的看法后，开始了争论，他们认为这几种答案都是对的。这时学生甲又站起来说："老师，我又发现一个问题。我家方桌边长正好是1米，所以我得出同样的长的结论。但如果边长比1米长时，得出的结论应是第二根剩下的长。如果比1米短时，我没有考虑它的结论是怎样的，会不会是第一根剩下的长呢？"这个问题问得好！从中可以看出他虚心认真地听了他人的意见，触动了自己的思想，开始辩证思考问题了。[①]

### (2) 提问

提问是学生参与对话的最为直接的方式。它不仅反映了学生对他人倾听的效果，也体现了学生对主题的独立思考。我们常常感慨与惋惜：

---

[①] 引自詹丽萍：《让学生学会倾听》，载《安徽教育》2003年第17期。

# 四、对话教学的实施过程

学生刚刚迈进校门的时候，总有太多的好奇与冲动，驱使着他们去发问、去探寻；然而，随着学校生活年限的延长，学生逐渐失去了提问的兴趣与能力，逐渐"甘于"接受教师的灌输。之所以出现这种情况，主要是因为学校生活长期以来受到独白式、灌输式教育的浸染，已经达到了积习难改的地步。在这种教育情境下，教师倾向于把学生作为控制的对象，而对学生的提问不以为然，一旦某个"糟糕"的学生提出了一个"糟糕"的问题，教师则必定是毫不留情地鞭笞一番、讥讽一番。作为一种自由表达的精神，提问就逐渐在学生（尤其是那些被教师列入"黑名单"的学生）中失去了阵地，失去了吸引力。对话教学则不然，它把提问作为人的一种生存方式，作为学生的一种学习方式，从而致力于恢复学生在课堂教学中向教师或文本提问的权利。

但是，要想把学生从"惧怕提问"的境地中解脱出来，变得"喜欢提问"，却不是一件容易的事。这需要教师从根本上转变教学观念与行为方式，需要他们进行坚持不懈的努力。这种努力首先就体现在要千方百计地促进学生敢于提问、善于提问、勤于提问。首先，要重塑教师形象，重建师生之间的平等关系，使学生不再"惧怕"教师，敢于在对话中向文本提问、向同学提问，更要向教师提问。其次，要多渠道地培养学生的提问能力，如通过专项思维训练，或在学科教学中渗透进行，使学生真正善于提问。再次，要创造多种多样的教学情境，为学生提供更多的提问平台。

**案例 4.5**

**学生提问的方法**

（1）让学生明确问什么

提问中心问题。学会抓主要矛盾，以中心问题的解决带动非中心问题的解决。如中心词、中心句、中心意思、文章的重点处等。

提问关键问题。关键问题即要害问题，它的解决可以为其他问题的解决打开缺口。如引人注目的开头，巧妙转折的过渡，催人深思的结尾等。

提问系列问题。这样的提问，俗称"打破砂锅问到底"，这是一种可贵的探究精神，利于向广度和深度探求。

提问疑难问题。学习不能不求甚解，疑难问题应该提出解决。疑难问题常常是学习进程中或深入学习的绊脚石，提出解决利于下一步的学习。

(2) 让学生明确问谁

问自己。遇到问题，首先要问自己，独立思考问题，以锻炼自己分析问题、解决问题的能力。

问教材。有些问题是因为没有认真读教材所致的，这就要加强自学，仔细阅读，认真思考，从教材中找答案，或通过分析教材归纳答案。

问工具书或有关资料。在这方面，要注意提高学生查阅工具书和有关资料的能力，并养成习惯。在查阅中，常发现解释不一致的情况，这就需要鉴别，以取其最恰当的，或将它们的各种解释加以综合与提炼。

问同学。有些问题可以问同桌同学、同班同学或其他同学。问的时候，一要虚心听取，二要一起讨论。通过互相交流，共同探讨，认识会越来越清晰。

问老师。在以上所问仍未解决的问题，可以向老师请教。有的问题可在课堂上询问，有的问题可在课余请教，在其他适当的时候与场合请教也是可以的。

问家长或其他人。现代的学生家长学历较高，向自己的家长请教是方便的。有些家长难能解决孩子的疑难问题，可多方求教。当然，所请教的答复不一定全是对的，仍要动脑思考，分析比较，批判吸收。

(3) 让学生明确怎样问。

多方面提问。就是从许多方面提出"问号"，以求得答案。如读一篇记叙的文章，可提问：写的是什么事情？事情发生的原因是什么？事情中都有哪些人？人物和事情怎么样？都是什么时间？都在什么地方？事情发展的趋向是什么？总起来看这篇文章的意思是什么？

多角度提问。根据学习内容的难易程度，确定提问的角度。这种提问主要有如下一些形式：①正向提问与反向提问。如读一篇文章，正向提问就是从正面提问、理解文章，一般不怀疑或反对作者的观点和文章所讲的道理，但又不是盲目地、不假思索地赞同和接受。反向提问就是从反面提问、探究，即提出与作者不同的观点，这样可以认识到常人不易认识到的问题，提出具有创造性的见解，是一种创造性的学习。②顺向提问与逆向提问。如读一篇文章，顺向提问就是顺着文章原来的顺序提问、求答。逆向提问就是从文章末尾开始提问、求答。③单向提问与多向提问。单向提问是常有的，多向提问值得提倡，可以得到更全面的知识。④自己提问与按提示提问。在学习中，一种是通过自己动脑思考，从中发现问题，提出问题，这是一种创新学习；有时候需按照教师和教科书的提示方向，在指示的范围内去自由学习，运用圈、点、画或划、批等方法，找出疑难之处，待后一步学习解决。[①]

### （3）回应

所谓回应，是指学生对他人提出的问题做出积极的或消极的应答。这是信息反馈的重要渠道。在对话教学中，学生与教师、学生与学生之间的交流，不仅仅是A向B的提问，而且意味着B对A的回应。只有提问，没有回应，就不存在这里所述的对话与对话教学了。对话与对话教学正是在对话者——教师和学生——不断地提问与回应中实现的。在这里，提问与回应之间的关联不是简单的一一对应关系，而是一种连续的、螺旋式上升的推进关系：从问题到回应，再产生新的问题，再形成新的回应，如此以至逼近真理。

一般来说，在对话过程中，学生做出的回应不仅可以让教师或其他同学直接地感知到，他们所提出的问题或意见受到了关注，而且有助于进一步修正、澄清自己的观点与思路。同时，这种积极的回应在表明你对他人尊重的同时，也会因此赢得他人对你的尊重。回应的方式是多样的，除了直接的表达观点外，其他身体语言如点头、微笑、凝视甚至沉默，有时也不啻为一种积极的回应方式。学生在对他人做出回应时，需要注意以下几点：第一，回应之前，首先要认真的倾听，最好要弄清他

---

[①] 引自朱学思：《关于学生提问的研究》，载《当代教育科学》2003年第5期。略有删节。

人言说的内容。若有不理解之处，需向他人及时提出。第二，应采用其他人可接受的方式予以回应，切忌言辞过于激烈、动作过于夸张，更不要出现侮辱性的语词，或进行人身攻击。第三，应注意从他人的表情、动作、语言等方面获得关于自身回应的信息，并及时对自身的回应方式做出调整。

**(4) 反思**

与倾听、提问、回应等不同，反思是学生参与对话的一种内在的、隐性的方式。在对话教学中，学生的反思是一种基于对话的反思，即学生是站在一个对话者的立场上进行反思的。如果从时间的角度来看，学生的反思可以分为：对话前反思、对话中反思、对话后反思。这三种反思在目的上都是一样的：积极地融入对话过程，并为对话过程贡献自己应有的智慧。同时，它们在侧重点上是大不相同的。在对话前，学生反思的主要是自己的对话准备情况，即是否打算参与对话？如果参与，将以何种方式参与？或者，是否为对话做好了充分的准备——包括心理上和材料上的准备等。在对话中，学生的反思主要体现在对自身参与对话的内容与方式的反省意识上，如：是否清楚地表达了自己的观点？怎样表达这一观点才是可接受的？是否充分地倾听、理解、尊重了他人的见解？是否为对话过程贡献了自己的力量等等。在对话后，学生的反思主要体现为对自身参与对话的过程和结果的全面审视，如：是否与他人发生了真正的对话？获得了哪些知识与技能？是否感受到对话的精神与力量？等等。

## 2. 激发学生参与对话的策略

**(1) 提问策略**

要激发学生参与对话，更为直接的方式是向学生提问。研究表明，适当的提问不仅能引发学生的好奇心与学习的兴趣，激发学生思考与创造的潜能，而且具有诊断与补救教学的功能，以及维持和促进学生对话的功效。在对话教学中，怎样的提问才是合适的呢？或者说，应该提什么样的问题以及如何来提这些问题？接下来所要探讨的，就是对话教学中提问的类型和方式问题。

①问题的类型

要了解怎样的问题才是适合对话教学的好问题，首先就必须把握在对话教学中可能存在着哪些类型的问题。根据不同的分类标准，可以将教师所提的问题区分为不同的类别。

从问题解决的方式来分，有聚合性问题与发散性问题。所谓聚合性问题，是指教师所提的问题，学生只能得到简单或有限的答案。如：珠穆朗玛峰位于哪座山脉？鲁迅的《狂人日记》写于何时？什么叫"不破不立"？等等。所谓发散性问题，是指教师所提的问题，学生可以从不同的角度，得到各种不同的富有创造性和批判性的答案。如：鲁迅为什么要写《狂人日记》？有哪些等分梯形的方法？如何看待苏联解体、东欧剧变后的世界格局？等等。这两类问题的差别在于，前者在于了解学生关于事实的确定性知识的信息，后者也包含着事实的知识，但更多的是以培养学生创造性解决问题的能力为依归的。在对话教学中，这两类问题都有其存在的价值，只不过发散性问题在激发学生参与对话方面具有更为积极的意义，因为这类问题具有开放性、不确定性的特征，学生可以根据自己的理解给出不同的答案。

从布卢姆的教育目标分类学来厘定问题，可以形成不同类型的问题。以认知领域为例，我们可以从布卢姆关于认知目标的六个水平（即知识、理解、应用、分析、综合、评价）出发，提出六大类不同层次的问题：①

一是知识性问题——主要考察学生对所学内容（如名词、概念、方法、步骤、观念、原则、原理等）的记忆。如：中国的四大发明是什么？勾股定理的数学表达式是什么？什么叫"厄尔尼诺现象"等等。

二是理解性问题——主要考察学生对一些原理、原则的理解程度，可用语言、文字、符号、数字等形式来加以表达或说明。如：$E=mc_2$ 表示什么？日本的明治维新与清末的维新变法有何异同等等。

三是应用性问题——主要考察学生将所学知识、技能应用于新的情境，实现学习的类化与迁移，如让学生设计图表，示范正确的步骤或过程。例如：测定一座山或楼的高度，可采用哪些方法？

四是分析性问题——主要考察学生能否将各种概念加以分解，找出各要素之间的相互关系。如：俄国十月革命爆发的原因有哪些？影响物

---

① 参见郑金洲：《教育通论》，华东师范大学出版社 2000 年版，第 293～294 页；黄光雄：《教学原理》，台湾师大书苑 1988 年印行，第 302～303 页。

## 对 话 教 学

种变异的因素有哪些？等等。

五是综合性问题——主要考察学生能否将不同的要素加以归纳、组合成一个整体。如：宋豪放派诗词的特点有哪些？贫富差距对社会稳定会产生怎样的影响等等。

六是评价性问题——主要考察学生对事实或问题的价值评判。如：我们还需要学习雷锋吗？一个良好的社会应该具备怎样的条件等等。

总体说来，认知目标的水平越高，相应的问题留给学生的思考空间也就会越大，因而也就越适合对话教学中教师的开放式提问。

上面只是从一般意义说明各类问题与对话教学的适切程度。布鲁克菲尔德等人则从专门的讨论与对话出发，建议教师在激发学生参与对话或讨论时，可以着重选择如下一些问题作为提问的内容：

➤ 要求学生提供更多证据的问题。当学生的观点似乎与前面的发言无关，或是其他人认为他的观点是错误的、未经证实或不合理的时候，教师可以要求学生提供更多的信息。如：你是怎么知道的？所讲的有哪些数据作为支撑？你在教材的那个地方找到了这样的观点？等。

➤ 需要学生进一步澄清的问题。这类问题是指给学生扩充自己观点的机会，使他的见解能为其他人所理解。如：你能换个讲法吗？你能解释一下刚才所用的术语吗？你能为你所讲的举个恰当的例子吗？等。

➤ 开放式问题。这类问题通常用"为什么"和"怎么样"的形式提出，能激起学生的深入思考和解决问题的能力，并充分挖掘了讨论或对话在拓展学生思维和情感方面的潜力。如：如何证明勾股定理？二战后日本经济腾飞的原因何在？等。

➤ 把各个发言联系起来的问题。将问题灵活相联或扩展可以使学生在其他人回答的基础上再提出新的问题。如：你的观点如何与小组讨论的结果相联系？这种观点是弥补刚才所讲的内容的？等。

➤ 假设的问题。这类问题是让学生思考环境的变化会对事情的结果有何影响。如：如果希特勒在1941年没有袭击苏联，那二战的结果会怎样？如果没有鸦片战争，中国社会的发展会怎样？

> 因果相关的问题。这是让学生探究两个或多个事件之间的因果关联。

> 进行概括总结的问题。如：这次讨论中最重要的一点是什么？如果下一次我们想对此话题作更深刻的理解，那应当再谈些什么呢？等。[1]

对于这些问题，教师若能灵活地加以综合使用，就能使学生保持高度的集中与积极的参与。

---

**案例 4.6**

**好问题的标准**

(1) 问题必须能引出所学领域相关的概念原理。

(2) 问题应该是结构不良的、开放的、真实的。

(3) 问题应该是实际问题，是基于现实生活中的问题，从而能够与学生的个人经验生活密切相关。

(4) 问题能引起学生的学习兴趣，从而激励他们去探索。

(5) 问题能够鼓励学生作出可检验的预测，并随着问题解决的进行自然地给学生提供反馈，让他们有效地进行评价。

(6) 问题能促使学生进行合作学习，在协作学习中共同建构知识。[2]

---

②提问的方式

有研究者综合了国内外的相关研究成果，认为，在课堂对话中，教师提问的方式大体有以下四种：

一是限答式提问（Closed Question）——限答式提问通常就事实提问，用于回忆、复述或下定义，以获取关于某一事件的大概轮廓、时间顺序、详细情节和具体事实。

二是非限答式提问（Open Question）——非限答式提问允许提问对象不受问题性质的约束。不求固定模式的确定答案，可以自由发挥阐释，或要求预测，或要求推断，或要求扩展，或要求区分，是拓宽教学

---

[1] Stephen D.Brookfield, Stephen Preskill 著，罗静、褚保堂译：《讨论式教学法》，第 99~103 页。

[2] 袁维新：《问题与提问：对话教学的基本内容与方式》，《当代教育科学》2004 年第 2 期。

的主要媒介。

三是诱导性提问（Leading Question）——诱导性提问用于引导提问对象沿着提问者所设计的思路来发展思维。在课堂上，学生回答限答式问题时偏离了限定的事实，教师可用诱导性提问，引导学生从想象回到现实，从主观回到客观，在教学中充分发挥组织和展示功能。

四是反思性提问（Reflective Question）——反思性提问激发学生结合个人经验，来解释或总结自己的感觉、态度、立场和观点，通过事件与学生的个人经历相联系，发展学生的道德观和价值观。[1]

显然，在这四类提问中，非限答式提问与反思性提问更能激发学生的参与，因为这两类提问留给学生的思考空间更为宽广一些。具体来说，在课堂对话中，教师应该怎样向学生的提问呢？从已有的研究成果来看，教师在提问时可能要注意以下事项：

首先，问题要面向全体学生。这是对话教学的一个基本要求。总体来说，对低年级学生而言，低难度问题有效；对高年级学生而言，高认知水平问题更有效。在课堂教学过程中，教师在提问时，应该考虑到所有学生的认知水平，根据学生的层次差异，可以用不同的方式来表达同一问题。

其次，问题要清晰、明了。这是影响学生回应的一个重要因素。对于那些含糊不清的、笼统的、过于抽象的问题，学生理解起来就显得比较困难。为了保证问题的清晰性，教师在提问时，一次至多提两三问题，且这些问题是相关的；切忌一次提出多个问题，或问题之间缺乏内在的一致性与连贯性。

再次，提问的频率要适当。一般来说，教师高频率提问对学生学习有积极的作用。但在对话教学中，究竟是采取高频率还是低频率提问策略，最终取决于对话的类型。如果是师生对话，教师提问的次数可以考虑多一些；如果是生生对话，教师提问的次数可以考虑少一些，否则可能扰乱学生的思维，影响他们参与对话的积极性。

如果要将这三点加以概括的话，我们在提问时可以采用下列方式：先提出问题；给予思考时间（第一次可给 10 秒，然后慢慢训练，再缩至 3~5 秒）；很清晰且速度适中地把问题说一遍，不再重复；面带笑容

---

[1] 穆凤良：《课堂对话和提问策略》，载《教育理论与实践》2000 年第 11 期。

注视全班。[1]

**（3）分组策略**

在对话教学中，对话可以发生在全班学生之间，也可以在部分学生之间。若班级学生人数较多（超过 20 人），全班对话的参与度和效果就会不明显，通常会有一部分学生过度占有发言的时间，而另一部分则可能没有发言的机会。在这种情况下，教师最好还是考虑将全班学生分成若干小组，先进行小组讨论，然后可展开大组交流或全班汇报。由于小组的人数较少，每个人基本上都能获得充分发言的机会，而且由于小组讨论的空间较为集中，这也拉近了对话者之间的心理距离，从而为对话者投入对话过程提供了基础。

①分组的方式

一般来说，分组应该考虑到如下一些方面：

人数的要求：小组一般以 5~8 人较为合理，若超过这个数目，平均每人发言次数和内容就会相对减少，进而降低组员的参与感与满足感。

座位的安排：为了激励小组成员参与对话的过程，可采用圆形的座位安排方式。

成员的组合：将不同特质（如年龄、性别、态度、学业成绩等）的学生，安排同一个小组中。由于这些学生秉持的观点、态度或思维方式可能有较大差异，而这种差异是对话教学得以展开的重要条件，异质分组给对话教学带来的效果或许更大一些。

成员的归属感：将相互喜欢的学生编排在一起，以增加他们对于小组的归属感，提升他们参与小组对话的兴趣。

主持人的选择：一般来说，每个小组应推选一名具备沟通技巧的主持人，可以是学生，也可以是教师。

②两种模式

这里介绍两种分组模式："六六法"（Six-by-six method）与头脑风暴法（Brainstorm）。

"六六法"是由美国学者菲利普斯（Phillips, J.D.）于 1949 年提出的。在这种方法中，每组以 6 人为限，每人发言 1 分钟，6 人共计 6 分

---

[1] 黄光雄：《教学原理》，第 309 页。

钟的讨论时间。其程序如下：

分组：以教师指定或学生自愿的方式，6人一组。每组需选出一位主持人和记录员。

提出讨论问题：教师提出事先准备好的题目，清楚说明题意后，要求各小组讨论出一个较一致的答案，并说明主持人和记录员的职责。如果拟定的讨论题目是学生不熟悉的课题，可提供有关资源来源，要求学生事先准备。

进行讨论：限制6分钟的讨论时间，其间教师应巡视各组，观察讨论情形，并提供必要的协助。

综合报告：每组指派一名组员（亦可由记录员担任），介绍本组的观点。

总结：教师综合归纳各组论点。①

分组 → 教师提出问题 → 小组进行讨论 → 各小组综合报告 → 教师总结

这种讨论方式适合于争议较大、学习感兴趣的问题。它适用简便，经济有效，在短暂的时间内，迫使团体所有成员能快速而普遍地表明意见，并综合归纳出比较一致的观点。

头脑风暴法的目的在集思广益，依靠集体的智慧解决问题。在这种方法中，小组讨论的人数一般在5~15人之间。讨论的时间视人数多寡而定，人数少，所花时间相对较少。头脑风暴法的步骤如下：

推选主席：他首先要向组员陈述讨论的问题，以决定记录的方式。在进行讨论时，他必须要能掌握讨论过程，并激发成员讨论的意愿。

进行第一次讨论：要求每个成员提出各种可能的办法，尤其是鼓励并协助沉默的参与者发言。此时，禁止对任何办法做批评，以免可能遏阻其他人发言的意愿。但是，可以允许对提供的办法提出修正案。这个阶段的主要用意在广泛征求各种意见，重量不重质，因此，延缓批评是一项必要的措施。

进行第二次讨论：将第一个阶段记录下来的办法，根据某些标准，逐一评价其可行性和价值，最后从中选出最佳的办法。这个阶段重质不重量，但对所做的评论本质上应具有建设性，切忌对参与者产生任何威

---

① Orlich, D.C. et al., Teaching Strategies: a Guide to Better Instruction, 1985, p.227. 转引自郑金洲：《教育通论》，第296~290页。

胁或是人身攻击。[1]

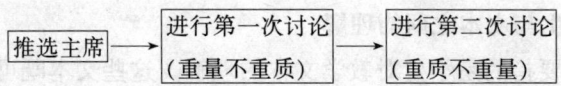

## （五）在对话中建构知识

通过多种途径，激发学生参与对话的过程，是对话教学实施的关键一步。但是，对话教学不能仅仅满足于学生的参与，更为重要的是让学生在对话中走向共识与理解，主动地完成知识的建构，习得对话的精神与能力。这也是检验对话教学是否见成效的重要一环。从学生的角度来说，对话教学中主要存在着三种对话的形式：学生与教师的对话、学生与文本的对话、学生与学生的对话。根据教师介入的方式和程度不同，在对话教学中又有两种主要的知识建构方式：学生的自主建构与师生的共同建构。下面将围绕这两种知识建构方式做一些简要的说明。

### 1. 学生的自主建构

学生的自主建构主要发生在文本理解、同伴对话的过程中。其中，在文本理解方面，每个学生都获得独立的、自主的建构知识的空间，除了受制于自身的知识结构之外，不必过多地考虑其他任何外在的因素。显然，这两者所涉及的都只是单个学生的知识建构问题，即每一个学生都可以在各自的视阈中，获得关于同一主题或问题的不同理解，从而建构与个人经验密切相关的知识。这种个人化的理解与知识，对建构者本人来说，其合理性似乎是不言自明的；但是，它们的效用不能通过建构者本人来说明，而必须通过与他人的对话来加以检验。因此，这里还涉及到另外一种不同的以学生为主体的知识建构方式，即通过不同学生之间的相互对话，共同建构关于主题或问题的知识，这类知识往往是学生共识的结果，因而至少在学生中具有普遍的效用。因此，我们可以将以学生为主体的知识建构归结为如下两种方式：学生与文本之间的理解（即个人化的知识建构）、学生与学生之间的理解（即共识性的知识建

---

[1] 黄光雄：《教学原理》，第325~326页。

构)。

(1) 学生与文本之间的理解

这里主要指的是学生对教学文本的理解,这些文本既可以是教师呈现或提供的教学材料,也可以是这些材料以外的、学生自主搜索或发现的相关学习材料;可以是文字的,也可以是图画、广播、影视、多媒体等;可以是一个概念或名词,也可以是一组命题或一个理论体系。或许可以这样说,一切有待学生认识的对象物都可以成为学生理解的文本。但是,一个文本要成为对话教学中学生理解的对象,则必须满足上一章所说的条件:理解性。也就是说,文本必须介于陌生与熟悉之间。超越或低于学生认知能力的文本,都难以引发学生对话的兴趣。

实际上,学生对教学文本的理解与对话,也就是学生透过教学文本,与作者进行的沟通与对话。在这一过程中,学生需要着重注意以下问题:第一,了解与教学文本相关的背景知识,例如:作者的生活经验与写作的时代背景;与文本内容相关的学科知识;等等。第二,能用自己的语言,重新表述教学文本的内容,理清作者的写作思路,以检验自己是否理解了文本的字面意义。第三,说明教学文本安排的深层结构与意义,即尝试阐明作者如此安排文本内容的用意何在,或者说,通过这样的安排,你认为作者想要表达的意义是什么。第四,用简要的语言,概括教学文本试图解决的中心问题。第五,对教学文本做出自己的评价。第六,说明自己在文本阅读中秉持的立场与存在的"偏见",以及这种立场与"偏见"对文本理解可能产生的影响。总之,学生在文本理解中,不能割裂文本与作者的内在关联,更不能仅仅停留在文本的字面意义上,而应该进一步探寻作者生活经验对文本建构的影响,说明文本的深层意义,更为重要的是要超越文本的内容,形成自我的理解与认知。

(2) 学生与学生之间的理解

与学生和文本之间的对话相比,学生与学生之间的对话更为直接,也更为复杂。每个学生成长在不同的社会情境之中,拥有不同的认知结构、生活经验与文化背景。这些共同构成了他们理解的"前见"或"先见",从而也决定了他们在主题或问题理解上的差异。正是有了这种理解上的差异,才使得学生与学生之间的对话有了建设性的意义,因为这些不同理解体现了不同的认识立场和思维方式,而对话为这些不同的认识立场和思维方式提供了碰撞与交流的平台，为学生走向共识性理解开辟了新的渠道。通过对话，改变的不仅仅是单个学生的某个观点或思维方式，更为重要的是，参与对话的所有学生都可能在认识某个主题或问题上，获得一次新的情感体验与认识飞跃。

在对话教学中，学生在与其他同学对话的过程中，又是如何进行知识建构的呢？这里有几个注意点：第一，学生应有参与对话的自觉，愿意与其他同学分享自己的见解，同时也希望从其他同学那里获取更多关于主题或问题的智慧资源。第二，学生可以在自愿自觉的基础上，选择对话的小组。第三，学生应尽可能清楚、扼要地陈述自己的观点，同时要认真倾听其他同学的意见。第四，学生应该对其他同学的发言做出积极的回应，进一步提出自己的观点。第五，对话结束时，学生应该对自己的发言以及其他同学的发言做一些清理工作，并整理出对话所产生的共识点与分歧点。第六，每个学生应该对自身参与对话的过程进行全面的反思，这种反思不仅涉及到发言内容的理解性、正确性、真实性，而且包含有发言方式的真诚性或可接受性。

(3) 教师的服务作用

在这种方式下，强调学生的自主建构，是不是就意味着教师可以"袖手旁观"，任凭学生"天马行空"式的发挥了呢？实际上，在学生自主的过程中，只不过教师的作用发生了新的变化罢了，即教师从学生学习的控制者转变为学生学习的服务者。这种变化意味着，在学生自主建构知识的过程中，教师需要做的事情主要是：

一是必要时，可在对话之前提供对话教学的主题，或创设相应的对话情境，或说明对话的基本规则或具体程序。

二是提供与文本相关的背景知识或材料，以增进学生的文本理解。尤其是那些与时代相处甚远的文本，更需要有教师提供这方面的支持，否则学生由于没有相应的生活经验，可能在阅读的过程抓不住文本的要义。

三是当学生需要帮助时，教师可以提供必要的支持，或点拨学生思维的困境，或指点学生理解的误区，或补充相关的知识。尤其是学生之间的对话停滞不前，或有陷入争吵的危险，或学生发言失去平衡，教师必须及时地介入，帮助学生发现对话难以深入的症结所在，寻求解除这些症结的可能路径。

对　话　教　学

四是学生对话结束时，教师既要了解学生建构了哪些关于主题或问题解决的知识，又要对这些知识本身的合理性进行评判，同时把评判的结果通告学生，以帮助学生形成正确的自我认知。

例如，在《含两级运算的两步式题》的教学中，教师是通过板书和提问的方式，引导学生建构知识的。具体如下：

师：今天我们认识了四个算式，仔细观察，你发现他们有什么特点？

（师板书：既有加减法，又有乘除法的两步计算式题）

师：这样的两步式题应该怎样计算呢？

生总结：应该先算乘除法，再算加减法。

师（板书）：你能用一句简单的话总结今天学习的知识吗？

生：先乘除，后加减。[①]

### 2. 师生的共同建构

在师生对话中，学生获得了与教师同样的人格与自由，可以作为与教师对等的对话者参与知识的建构。这是对独白式、灌输式教学中师生之间等级关系的反叛。或许有人会说，师生之间在知识占有与教学控制方面存在着"天然"的差异，使这种对等的关系变得不可能；而且教师属先知先觉者，学生属后知后觉者，因此教学过程总是教师把自己已知的知识传递给学生，换句话说，教师在与学生对话之前，就已经具备了相关主题或问题的知识。既然如此，那么又何来教师与学生之间的对话与共同建构知识一说呢？似乎这种见解一时让人无可辩驳。其实，问题的关键在于，我们是如何去理解和要求对话教学中的师生对话的。显然，师生对话与生生对话不同，也与成年人之间的对话不同，其实质是两类异质群体或异质文化之间的沟通。如前所述，正是有了这样的差异，使得师生之间的对话才显得格外地富有教育价值。要实现这样的对话或沟通，教师就必须尊重学生的文化，了解他们的学习方式与生活方式，而不是纯粹以成人的标准去压制或要求学生的文化、学习与生活。

对于这一点，传统教学是弃之不顾的，常常把学生看成是无知的、幼稚的、不能自主的，而有些教师则过于相信甚至是迷恋自己作为知识

---

[①] 徐国平、黄向阳主编：《以学生发展为本的小学课堂教学策略》，第63页。

与道德权威的角色。然而，随着信息时代的到来，知识更新的速度加快，文化价值观呈现出多元化的态势，学生获取这些知识与信息的渠道也变得越来越便捷、多样，教师的上述权威角色正在越来来多的领域遭到了挑战。在如今的课堂中，教师至少不能保证自己的"一桶水"会包含学生的"一杯水"，因而出现教师被学生问倒的情形，也就不足为怪了。在这种情况下，你还认为教师仅仅是知识的传递者么？例如：

师：叶绿素只有在光照和较高的温度下才能形成。到了秋天，气温下降．叶绿素较易被破坏或分解，而类胡萝卜素却比较稳定，所以叶片出现了黄色……

生：那为什么常绿植物的叶绿素在秋天不被分解呢？

解答：常绿植物的叶绿体受低温影响较小，主要是由于植物在以下几个方面保护着细胞免受低温的伤害：①减轻或避免膜脂相变的发生；②溶质的积累，如可溶性糖浓度上升；③活性氧和氧自由基的清除；④低温诱导蛋白质的产生；⑤逆境应答激素。

说明：当时课堂上对学生的回答是，这些植物在秋天通过提高细胞液浓度、降低呼吸作用等方式来加强抗寒性。但这个回答简单粗糙，又未能在身边的书籍中找到答案，因此曾写信求教于专家。[①]

此外，还有一个事实，也是传统教学不予理睬的，即教学过程是动态的、复杂的、非线性的。在传统教学中，教师有意或无意地把教学看成是"加工"或控制的过程，以为可以按照预先设计好的程序去塑造学生的心灵，去控制课堂教学中的各种不确定因素。这一点也随着工业化模式的崩溃而轰然倒塌了。在对话教学中，人们重新看到教学过程所充满的不确定性、多样性与复杂性。尤其是引入了开放性的教学内容，学生在积极的互动中展现了自身的生命活力，常常能从特殊的视角提出与众不同的观点与问题，生成很多教师意想不到的课程资源。为了回应课堂中所涌现出的众多新问题、新资源，教师不得不适时地调整预先设定的教学程序，以便与学生一起共同建构新知识。

那么，在对话教学中，师生双方是如何在对话中建构知识的呢？从教师的角度来说，主要有以下几点需要注意：首先，要有谦逊的胸怀，敢于承认自己的无知，直面学生提出的相关问题。其次，要帮助学生要

---

[①] 徐敏：《学生课堂提问荟萃及解析》，载《生物学教学》2003年第7期。

对 话 教 学

克服"恐惧"心理,敢于向权威挑战、向教师发问,并自由地表达自己关于主题或问题的意见。再次,要善于发现学生发言中的亮点与问题,并及时地向学生做出回馈。第四,要善于整合对话中学生生成的新的资源。第五,可以自由地与学生交流自己的见解,但要防止自己的见解对学生自由表达的可能产生的压制。第六,对话结束时,与学生一起共同梳理对话的内容,概括出主要的观点。

为了更为清晰地呈现教师和学生在对话过程中的知识建构,可以借助表格,将教师和学生的对话内容依次分列出来。如有教师在执教《春燕》一文时,课堂对话的内容与结构表 4.3 所示:

**表 4.3 《春燕》一文的课堂对话结构**[1]

| 教师发言 | 学　生　发　言 ||
|---|---|---|
| | 先对前面同学的发言提出意见(评) | 再发表自己的见解 |
| 请一位同学根据预习要求概括文章主要内容,其他同学要点记录。 | 生1: | 写了春燕准确预报天气的事。 |
| 这样概括有没有问题? | 生2:概括太简单,别人根本不能知道文章大致内容。 | 课文不仅写春燕在大风来临之前,村里的老爷爷、老奶奶突击抢收苹果时准确地预报天气情况,还写了她为了集体财产的安全,半夜在青石岭观测天气。 |
| | 生3:我同意第二位同学的意见,补充第一位同学的发言。 | 春燕半夜在青石岭观测天气证明她很有责任感,这篇文章的重点内容不可以漏掉。<br>春燕能准确预报天气,也反映出这个红领巾气象哨小组长工作能力很强。 |
| | 生4:以前学习写人文章时知道,概括写人文章的主要内容时,应该把人物的品质也概括进出。 | 我认为春燕的品质不光是有责任心,工作能力强,还应加上她有关心热爱集体的好品质。 |

---

[1] 吴亚萍、吴玉如主编:《"新基础教育"发展性研究专题论文·案例集(下)——教师发展·学科教学》,中国轻工业出版社 2004 年版,第 126~127 页。

| | |
|---|---|
| 生5：通过刚才几位同学的发言，加上我自己的思考，我重新概括一下这篇文章的主要内容。 | 这篇文章主要写了强热带风暴预报不到一小时，青石岭的老人们迫不及待地抢收苹果。春燕及时赶到，准确地预报了青石岭地区的天气。晚上她不放心，又上山观测天气变化。通过这两件事反映了春燕工作能力强，能准确预报天气。她对工作认真负责，对集体非常关心、热爱。 |
| 在个人发言的基础上取长补短，最后一位同学比较准确、完整地进行了概括。他们善于仔细倾听别人发言，补充自己的意见，或赞成或反对，说得不错，希望大家向他们学习。 | |

## 附　录：《智取生辰纲》的对话教学尝试[1]

教学目标：

引导学生鉴赏杨志的人物形象。

引导学生体会并评价本文在写作上的艺术特色。

教学步骤：

一、让一位比较熟悉《水浒传》的同学简单介绍与杨志相关的几个章回的情节，以便对他有一个比较完整的印象。

二、让学生在预习这篇小说的基础上，编写一个简要的提纲，然后适当扩展提纲的内容，向自己的同桌复述，对方仔细聆听，对遗漏和错误的地方予以补充或纠正。

三、中国古典小说大多是章回体，每一章回之前都有一个用对联的形式写成的回目，以此来概括本回的内容。请大家也模仿这种形式，为《智取生辰纲》这篇课文拟一个回目。

---

[1] 引自陈万勇：《〈智取生辰纲〉的对话教学尝试》，载《中学语文教学》2004年第4期。

## 对话教学

学生对此较感兴趣，纷纷动手创作，很快写出了回目："上京路杨提辖严令押纲，黄泥岗众好汉妙计劫宝"（林财）；"杨提辖处处留心严押生辰纲，众英雄步步设计智取不义财"（徐正）；"青面兽护送万贯财，八勇士智取生辰纲"（张亦倩）；"杨志押宝上京失败，吴用策谋劫财成功"（叶荣辉）；"晁天王八仙过海智取生辰纲，青面兽孤掌难鸣惨遭滑铁卢"（俞江涛）；"杨志持鞭谨慎押纲，吴用借酒机智夺宝。"（王仁虎）

四、请同学在对文章的整体把握和对情节全面了解的基础上，整合相关的信息，初步形成对杨志的印象，再据此探讨——"杨志是'三代将门之后'，武艺高强，精明能干，且又有过失陷花石纲的惨痛教训，这一次押送生辰纲如此小心安排、谨慎行事，他为什么还是失败了？"

一问激起千层浪，学生在教师相机的点拨和引导下，模仿古人谈诗论文的方式，纷纷提出了见仁见智而又精彩十足的观点。

部下无能说。有同学认为，杨志生性机警，本事非凡，又有较为丰富的实战经验，他之所以最终失败，全都是因为手下无能。首先，军健们没有基本的谋略，不能够对时局和对手的情况作出全面、准确的判断，不能知彼，这就必然导致思想上的麻痹大意，从而错误地指导具体的行动；其次，他们缺乏足够的江湖经验，平时又缺少高强度的训练，吃不下苦，受不住累，一遇到困难就当缩头乌龟；再有，他们不能也不愿深入领会主将的意图，又不服从上级的调动。三方面的原因叠加起来，使得杨志孤掌难鸣，最终走向失败。

权力受制说。顺着"部下无能说"，有同学补充认为，杨志失败的一个重要原因就是梁中书对他不信任，梁中书既把押送生辰纲这个重要任务委派给杨志，又对他心生疑虑，暗中派老都管等人去监控他，这样，老都管与杨志虽同路而不同心，非但不能帮助其行事，反而站在众军健一边，相当程度上牵制了他的权力，致使其命令的权威性受到削弱。可以想像，一个没有核心领袖的群体能有多强的战斗力，即使杨志本人如何抗争，也最终避免不了走向失败的命运。

对手强大说。针对前面两位同学的观点，有同学则从外部的视角来分析，认为论身手和经验，杨志固然算得上一流高手，但俗话说，明箭易躲，暗箭难防，他在明处，对手在暗处，这使得押送生辰纲的难度无疑就增大了许多；况且，山外青山楼外楼，强中更有强中手，吴用等人既有武艺，又有计谋，智取不成必用武力，所以，不管怎样，杨志的命运都是在劫难逃。

天意弄人说。有同学则不太赞同上述意见，认为杨志的失败更多的是命运的安排，用杨志自己的话来说，就是"洒家时乖运蹇"，他一心想着封妻荫子、光耀门庭，结果适得其反，第一次是大风刮来，掀翻了船中的花石纲，这难道不是天意吗？第二次碰上押运生辰纲，本以为时来运转，却不料时机又不太好，前几天顺利的行程很快被酷热的天气中断了，老天爷似乎成心和他作对，最终，连自己也因饥渴难耐而饮下了药酒，被晁盖等人轻易劫去了金银担，真可谓有心立功，却天不助人。

作者安排说。在"天意弄人说"的基础上，有同学趁机抛出了"作者安排说"，认为作者在写这篇小说时先有自己的主观设计，他想把一个人写成什么模样，这个人就是什么模样，他想把一个人安排成什么命运，这个人就是什么命运，自然，作者要杨志失败，杨志也就只好失败。

前面几位同学的发言几乎都是立足于外围来探讨，或为杨志的失败开脱，或流露出对杨志的同情，都有其合理之处，却未能触及本质——从杨志自身去挖掘，而这恰恰是理解杨志这个人物的关键。面对学生在对话中的这种片面性，再加上"天意弄人说"和"作者安排说"已经有宿命论的倾向，如果老师不加引导，以后的对话就可能偏离轨道，所以，我便适时地参与到对话之中：刚才的发言都很有见地，但我认为大家探讨问题的视角还有待全面和深入，特别是对"天意弄人说"和"作者安排说"还想谈谈自己的看法。不可否认，"作者安排说"有其合理性，但这只是一种背离了文学本质的合理，如果按照这种观点推论，既然作家可以依照自己的意愿来安排人物，那为什么曹雪芹不把林黛玉嫁给贾府的焦大？为什么巴尔扎克不让守财奴葛朗台早点死去？我以为，作家固然有权对自己笔下的人物进行设计，但这种设计并非随心所欲，而必须根植于现实生活，必须讲究一定的艺术性，必须符合文学创作的内在规律！再来看看"天意弄人说"，大家还记得学过的欧阳修的《伶官传序》吗？文章的开篇这样写道："呜呼！盛衰之理，虽曰天命，岂非人事哉！"天意固然有弄人之处，但我们是否更应该从"人事"的角度去寻找一下杨志失败的深层原因呢？

内部矛盾说。循着老师的指引，有同学认为，堡垒往往是从内部攻破的，杨志的失败主要在于各自为政、内部不和，这种内耗必然削弱战斗力，给对手以可乘之机。如果他们能够心往一处想，劲往一处使，吴用等人智取就很难成功；倘若要凭武力劫纲，对方由于人手不多，也很难得手。与此相反，吴用等人则拧成一股绳，形成了强大的战斗力，自然无往而不胜。

自掘坟墓说。有同学认为，杨志的失败是性格使然。首先，他只顾自己升官发财，只有自己的利益，而没有众军汉的共同利益。没有共同的利益目标，这就很难凝聚人心，行动上自然难以一致，要想取得胜利也就很难。再者，杨志生性暴躁，又不善于疏通人际关系，动辄就骂，以鞭相加，日子久了，必然让人生厌，甚至遭到反对。可以说，杨志的功利之心和武夫性格为他的命运早早掘下了坟墓。

社会决定说。后来，还有一位同学的观点相当值得称道。他认为，杨志所生活的社会已经显现出深度的病态，普通民众与统治阶级之间的矛盾已经走到了不可调和的地步，轰轰烈烈的反抗运动已成星火燎原之势，但是杨志却把希望依然寄托在民众恨之入骨、作恶多端的贪官身上，面对如此滚滚的革命洪流，不能不说他的选择是错误的，因此他的逆历史潮流而动的做法也必然落得失败的结局。

五、《水浒传》是我国古代四大名著之一，读了这篇文章，你能够站在欣赏者的角度谈谈它在写作上可资借鉴的地方吗？当然，我们敬佩先贤，但并非只是采取跪拜的方式，老师希望大家用审视的目光来打量施耐庵，更欢迎大家为这篇文章挑挑毛病。这里，老师想抛砖引玉，为大家提供一种思考问题的视角：我认为，本文结尾的技巧不太高明，作者把关键性的东西放在最后，有些吊读者的胃口，读起来不太过瘾，而且表述上不够简练。不如把它删去，分别做如下的修改：第一处，92页顺数第8行"六个人脱得赤条条的，在那里乘凉；一个鬓边老大一搭朱砂记，拿着一条朴刀"后加上一句："你道这七人端的是谁？原来是晁盖、吴用、公孙胜、刘唐、三阮这七个"；第二处，93页倒数第5行，把"一个客人便去揭桶盖"改为"刘唐便去揭桶盖"；第三处，93页倒数第3行，"只见这边一个客人从松林里走将出来，手里拿一个瓢，便来桶里舀了一瓢酒"，修改、添加为"只见吴用从松林里走将出来，手里拿一个瓢，这瓢里早放上了蒙汗药，便来桶里舀了一瓢酒，于是，瓢上的蒙汗药便在杨志等人不知不觉间散到桶里"。大家比较一下原文，然后对老师的修改作个评价。

## 四、对话教学的实施过程

学生对老师的修改作出了评价,普遍认为这样修改虽然比课文简练了些,但艺术表现力明显减弱,显得平板直白,不如原文那样引人入胜、富有悬念,且原文的结尾临终点题,突出了"智取",又在高潮处戛然而止,很有艺术性。

随后,学生纷纷陈述自己的见解。他们发现了以下优点:

徐正:本文有欧·亨利式的结尾,当读者读到最后的时候才知道这几人原本是一伙,结局显得精巧而又有些突然,既让人觉得在意料之外,但又在意料之中,而且很具有悬念感,牵着人步步往下看,觉得酣畅淋漓,十分痛快。但是,我认为也有美中不足的地方,那就是同欧·亨利的小说比较起来,欧·亨利的结尾落差如果是"疑是银河落九天"的话,施耐庵的落差则只有一百米。这里似乎存在着一定的高下之别。

卢江波:本文的细节描写非常真实精巧,特别是白胜和吴用等人引诱军健们喝酒一节,写得真假难辨,一步步把他们骗进圈套。尤其是当军健们凑足了五贯钱来买酒时,白胜反而说:"不卖了,不卖了!这酒里有蒙汗药在里头!"如此以假乱真,天衣无缝,你不想上当都要上当。可见细节写得非常逼真。

程吉:杨志打人贯穿始终,这种安排对于刻画杨志的性格很有好处。从中可以看出杨志这个人做事比较负责,有一种仗义的性格。同时,也可以看出他的直率,做事不婆婆妈妈。而这两点,使得他可能被梁山所接纳。同时,也说明他十分粗暴,正是由于他的行事简单粗暴,不会处理周围的关系,从而导致内部失和,自己被孤立,最终中计而失了生辰纲,这又恰恰为他走上梁山奠定了基础。

陈贤文:这篇小说的矛盾处理得十分巧妙,两条线索交织,一是押送生辰纲,一是夺取生辰纲,一方是明防,一方是暗抢,这是全文的主要矛盾,而高潮应该是夺取生辰纲。但作者却没有把笔墨重点放在此处,而是重点放在杨志如何机警地押送生辰纲上,详细地描写了杨志等人在押送生辰纲时出现的种种内部矛盾,由于其内部的不和自然使得杨志孤掌难鸣,从而为吴用等人智取提供了必要的条件,使得他们的成功水到渠成。这样,在艺术上就起到了四两拨千斤的功效。

陶臻:全文的环境描写也很有特色,多处提到热,反复渲染环境,一方面突出杨志的谨慎、精明,一方面为推动故事情节服务。正是由于热,才有了赶路时杨志与众军汉的矛盾,也才有了吴用等人设计用酒智取的可能性，这样一环紧扣一环，十分紧凑。

学生也有质疑：

王岢：杨志吃的是什么酒，他们竟可以用瓢喝？杨志如此谨慎，为什么那么快就被蒙倒了？作者在细节处理上还欠严密。

喻江涛：杨志这个人起初非常谨慎，可是后来却显得如此粗心，当七个人说明他们是卖枣子的客商后，他就说："原来如此，也是一般的客人。"似乎一下子就放松了戒心，轻易地相信了卖枣人。后来，杨志居然还吃了别人的枣子，如果酒没有把他们蒙倒，可别人在枣子上做了手脚，不一样可以把他蒙倒吗？再有就是众军汉喝酒时，杨志为什么轻易地相信了卖枣人。杨志为什么不仔细观察一下同伴的反映，等过些时辰再相机行事？我认为，这样的写法似乎与杨志性格不太相符。

陈志远：白胜卖酒却不带碗瓢，这不分明让人生疑吗？再有，黄泥岗上劫宝也写得不够真实，先是一伙卖枣子的，再是一个卖酒的，哪里会碰得那么巧？这其中明显有诈。杨志如此精明，而且又有相当丰富的江湖经验，不会粗心到这种地步吧？

六、探究性学习。失了花石纲后，杨志又失了生辰纲，最终不得不落草为寇，走上梁山。在《水浒传》中，类似他这样的人生经历的其他好汉还有吗？试从中找出一个，并选取一个或几个角度（身世、经历、性格）进行比较分析，体会施耐庵描写人物的方法。

教学反思：在本课的设计与教学中，我尽量将传统的知识传授者的角色隐退，努力把自己定位成一个课堂的组织者、引导者和参与者，使学生跃升为课堂的主人，让他们最大程度地实现同语言的亲密接触；更为重要的是，学生与文本之间、学生与学生之间、教师与学生之间在三个纬度上全面而深入地展开了对话，观点和意见彼此渗透，思想和智慧相互碰撞，学生大量地感知着语言、实践着语言，应该说，这种对话型教学的效益是明显的，也是传统的贴标签式的讲解型教学所难以企及的。

# 五、对话教学的评价

最近我去拜访一位朋友，他 3 岁的女儿梅格（Megan）为我开了门，并热情地欢迎了我。"你看，埃伦（Ellen）阿姨，"她睁着大眼睛说，"我的衣服多适合我！"

有一个小孩在和他父亲逛街购物的时候说："爸爸，我的鞋不适合我了。"梅格的话让我不得不寻求其中的内涵和智慧。小女孩很高兴，因为她的衣服、鞋和丝带都非常适合她。在梅格看来，任何事情生来就是完美的。同样，我们也在寻找适合学习活动和学习者本身的评价活动。[①]

## （一）什么是对话教学评价

对话教学是对话的时代精神在教育领域的回应。与传统教学相比，

---

[①] 引自 Ellen Weber 著，国家基础教育课程改革"促进教师发展与学生成长的评价研究"项目组译：《有效的学生评价》，中国轻工业出版社 2003 年版，第 5 页。

对话教学在教学目的、教学方式、教学伦理、教学思维等方面有着本质的区别。评价作为促进和改进教学的有效机制；作为促进学生发展，促进教师不断提高和改进教学实践的重要手段，应该能够体现教学改革的方向和新的教学精神，对话教学评价即是对这种需求的一种回应。我们这里所讨论的对话教学评价，不论是把对话作为一种运用在教学过程中的教学形式和方法，还是作为一种贯穿在教学始终的教学理念或教学原则，从评价思路、原则的确立，到评价内容标准的构建，到评价的实施都力求体现对话的精神。

## 1. 对话教学评价的含义

### （1）何谓评价

"评价"一词在我国的教育文献中出现较早，且是当下教育界较为时髦的语词之一。然而，许多人对这一概念的理解却有失偏颇，常常将它与考试、测验等同起来。[1] 这种"偏颇"在教育实践中潜伏着极大的危害性：将教师的教学和学生的学习引向"量化"的外在追求，如追求升学率、高分值，或者以"分"取人、唯"分"是命，从而偏离了教育促进人发展的真义。因此，在界定对话教学评价之前，有必要先说明一下评价的含义及其与考试、测验的区别。[2]

①评价的指导思想是为了"创造适合儿童的教育"，而考试与测验是为了"选择适合教育的儿童"。测验的目的是确定学生对教师所教的知识和技能的掌握水平，从而为教师调整自己的教学，更合理、有效地改善学生的学习提供依据。也就是说，评价的主要功能是改进或形成，而不是鉴定或选拔。它的直接目的是为教师改进教学或学生后续学习提供全面而具体的依据，而不是给学生分三六九等。

②评价的对象和范围突破了学习结果评价的单一范畴，如知识掌握程度检查，它已经扩大到整个教学领域，还包括对学生掌握知识过程的评价和对教师教学过程的评价等。

③在评价方法和技术上，它不是单纯的定量分析，而是注重定量分

---

[1] 关于"评价"、"考试"、"测验"这三个教育评价术语的区别，可参见瞿葆奎主编，陈玉琨、赵永年选编：《教育学文集·教育评价》，人民教育出版社1989年版，第744~746页。

[2] 钟启泉、崔允漷、张华主编：《为了中华民族的复兴，为了每位学生的发展——〈基础教育课程改革纲要（试行）〉解读》，华东师大出版社2001年版，第230~231页。

析和定性分析相结合。

④评价重视受评人的积极参与及其自我评价的地位和作用，也就是说评价的最终目的不仅仅是管理、选拔，而且是让受评人学会自我评价。

⑤评价更加重视对评价本身的再评价，使得评价是一种开放的、持续的行为，以确保评价自身的不断完善。

**（2）何谓对话教学评价**

如前所述，对话教学是针对传统教学的弊端提出来的，反映了时代对教学变革的深切呼唤。在传统教学所面临的众多困境中，教学评价方面的矛盾始终是教学整体变革的"瓶颈"之一。这些矛盾主要表现为：过分强调甄别与选拔的功能，忽视改进与激励的功能；片面的偏重于教师行为评价，忽视学生行为和学习状态的评价；过分关注对结果的评价，而忽视了对过程的评价；过分关注评价的结果，而忽视了评价过程本身的意义；评价内容偏重知识、技能，忽略能力形成，潜能的开发，以及情感、意识的评价；评价方法单一，过于注重量化的方法，而缺少体现新的评价思想和观念的新方法；评价主体多为单一源，而忽视了评价主体多源、多向的价值，等等。① 在新的形式下，要解决这些矛盾，实现传统教学的整体变革，就必须从根本上寻求一条崭新的教学评价路径。因此，作为传统教学反叛的对话教学，需要建立一套与传统教学迥然不同的教学评价体系。将对话教学评价作为本书独立的一章，其用意也在于此。

那么，何谓对话教学评价呢？我们认为，对话教学评价是依据对话教学的精神与目标，借助适宜、可行的评价手段，通过系统的搜集资料和分析整理，对对话教学过程及其效果作出的价值判断。从评价目的上看，对话教学所强调的是形成性评价，主张面向未来，面向评价对象的发展。但与一般意义上的形成性评价不同，对话教学所强调的形成性评价有其特殊性。一般意义上的形成性评价强调对教学工作的改进，而对

---

① 对当前课堂教学评价的批判这方面的研究比较多，如赵明仁、王嘉毅：《促进学生发展的课堂教学评价》，载《教育理论与实践》2002 年第 10 期。张春莉：《从建构主义观点论课堂教学评价》，载《教育研究》2002 年第 7 期；程恩魁：《构筑新型课堂教学评价观》，载《辽宁师专学报》（社会科学版）2002 年第 1 期；陈兴桂：《建立建构主义课堂教学评价标准的几点探讨》，载《温州师范学院学报》（哲学社会科学版）2000 年第 2 期；等。

话教学的评价更加强调对评价对象人格的尊重，强调以人的发展为本，即它是一种主体取向的评价。① 这种评价取向认为，教师作为课程与教学情境的"内部人员"在评价中具有主体性，而不是被动的、供"外部人员"评价的对象；学生也是评价的主体，是意义建构过程中不可或缺的组成部分。总体来说，对话教学评价体现了当前教学改革的基本取向。

**(3) 对话教学评价的基本理念**

对话教学评价立足现在，回顾过去，面向未来，主张根据过去的基础、现在的状况，确定评价对象发展的可能目标需求。

对话教学评价是一种依据目标、重视过程、及时反馈、促进发展的评价。既重视评价结果，又重视评价过程，主张在宽松的环境内（评价结果不作奖惩依据），促进评价对象自觉主动地发展，以实现评价对象的主体价值。

对话教学评价是一种以促进评价对象发展为目的、以评价对象为主体、发挥主体积极性为理念的评价。强调评价对象在评价中的作用，主张评价目标和评价计划由评价者和评价对象协商制订，达成共识；同时，达到评价目标和实施评价是评价主体和评价客体双方的共同职责。重视多渠道交流信息，以至评价对象自选评价者。

对话教学评价，主张评价是对评价对象和评价者双方活动所进行价值判断、实现双方达成的评价目标的过程，是评价对象自身发展需求和教育组织对评价对象需要的有机结合，是促进评价对象在现实基础上向未来发展的评价。

**(4) 对话教学评价的特征**

对话教学评价着力于人的内在情感、意志、态度的激发，着力于促进人的全面发展。现代课堂教学不仅是促进学生认知发展的过程，同样也是促进学生情感发展的过程。因而，现代课堂教学评价就不能只评价认知的发展，同样也要评价学生在课堂教学中的情感发展。兴趣是最好的老师，学生对一门学科兴趣的大小在很大程度上决定了他能否很好地

---

① 从价值取向的维度看，可以把迄今为止纷繁复杂的课程评价归纳为三种，即目标取向的评价、过程取向的评价、主体取向的评价。见钟启泉、崔允漷、张华主编：《为了中华民族的复兴，为了每位学生的发展——〈基础教育课程改革纲要（试行）〉解读》，第285页。

学习这门学科。因而，作为对学生学习的诊断评价，如果不对学习兴趣与动机状态作出判断，是很可能对学生学习的问题作出"误诊"的。

对话教学评价强调评价主体互动化。强调评价过程中主体间的双向选择、沟通和协商，关注评价结果的认同问题，即如何使评价对象最大程度地接受评价结果而不是结果本身的正确性；改变单一评价主体的现状，主张使更多的人成为评价主体，特别是使评价对象成为评价主体，重视评价对象自我反馈、自我调控、自我完善、自我认同的作用。

对话教学评价在重视教学过程中静态因素的同时，更关注教学过程中动态因素的作用。比如，教学目标、教材和教案中规定的教学内容、按教案设计预先确定的教学程序、教学方法等，这些都是按计划进行的教学行为，属于常态的、静态的因素。而课堂教学面对的是有丰富情感和个性的人，是情感、经验的交流、合作和碰撞的过程。在这一过程中，不仅学生的认知、能力在动态地变化和发展，而情感的交互作用更具有偶发性和动态性，恰恰是这些动态生成的因素对教学效果的影响最大。比如，对于教师提出的问题，学生的回答可能大大超出教师的预想，这就要求教师及时把握和利用这些动态生成的因素，给予恰如其分的引导和评价，从而生成新的教育资源。

对话教学评价强调个性化和差异性评价，要求评价指标和标准是多元的、开放的和具有差异性的。主张对信息的搜集应当是多样的、全面和丰富的，对评价对象的价值判断应关注评价对象的差异性。

对话教学评价在重视指标量化的同时，更关注不能直接量化的指标在评价中的作用，强调定性评价和定量评价的综合使用。过于强调细化和量化的指标，往往忽视了情感、态度和价值观等无法量化但对评价对象的发展影响较大的因素的作用。

## 2. 对话教学评价的基本原则

**(1) 对话教学评价首先关注的是学生的发展**

通过教师、学生、文本之间的对话，学生不仅能够掌握相应的知识和技能，习得获取知识和技能的方法，而且可以形成对话的意识与能力，以及培养与他人合作和交流的态度、情感与价值观。

**(2) 对话教学评价需要学生的积极参与**

学生在参与中进一步熟悉所学过的内容，熟悉已有技能以及提高解决问题的能力，从而为进行自我评价打下基础。

**(3) 对话教学评价强调具体背景性**

虽然对话教学的精神是一致的，但是在教学实施的过程中，由于学科不同，教师教学风格的差异，以及学生经验、基础及学生状态的差别，所以具体的教学情景是复杂、多变、动态生成的，因此对话教学的评价要依据不同的教学背景进行相应的调整和灵活处理。

**(4) 对话教学评价强调评定问题的真实性、情境性**

现代认知心理学的研究表明，学生对学习内容的认知和学习，与其所发生的情景有着密切的联系。因此现代认识或学习理论都强调学习的真实性、情境性。这种趋势同样反映在对话教学评价中。

**(5) 小组合作评价是对话教学评价的有效方式**

一方面，沟通和合作是对话教学的生态条件。在教和学双方的沟通与合作中，对话的精神才得以体现。另一方面，由于班级人数较多，教师很难在短短的几十分钟内对所有的学生完成有效的评价，因此，也需要引导学生通过合作进行学习，通过互评发现问题。

**(6) 教师不能仅凭学生在某一课堂中的表现，就对其下结论**

对话教学是以人为目的的教学，而且这里的"人"是发展中的人，是具有发展潜能的人。在对话教学中通过教师与学生、学生与学生之间的平等交流、真诚沟通，大家互相借鉴，取长补短，在合作的氛围中，各自生成或建构了自己的认识与知识。也就是说，学生是在不断的自我更新和发展，相应地，对学生表现的评价也应该全面考虑。

## 3. 对话教学评价的功能

随着人们对人的价值和教育本质认识的深入，对教育评价目的与功能的认识也发生了很大的变化。为学生成长与发展服务，这是现代社会对教育评价的基本要求。教育评价为学生的成长与发展服务，就是要为学生创造最好的教育服务。通过评价不断改进教育、教学，使学生能受到越来越好的教育，这应是当代教育评价工作者的追求。

为学生创造最好的教育，在教学评价上就要注重发挥评价的诊断与激励的功能；注重通过评价发现师生教学活动和教学行为的意义与价值，找出存在的问题与症结，以不断提高教学的质量，激励教与学两方面的积极性。评价的根本目的在于促进发展，而绝不是简单地进行优劣

五、对话教学的评价

高下的区分。总体来看，对话教学评价主要具有以下几项功能：

(1) 反馈调节的功能

在评价结果的解释与运用中，对话教学评价倡导要将评价以科学的、恰当的、具有建设性的方式反馈给被评价者，促使其最大限度地接受，从而对自身建立更为客观、全面的认识，促进其进一步的发展；在评价实施的过程中，对话教学评价倡导评价者和被评价者在相互平等、尊重和互惠的基础上，可以通过协商、讨论、辩论等不同的沟通方式自主地调控评价活动本身。

(2) 展示激励的功能

对话教学评价，更多地把评价活动和过程当作是为被评价者提供了一个自我展示的平台和机会，鼓励被评价者展示自己的努力和成绩；同时，所采取的恰当的、积极的、具有建设性的评比和反馈方式，在很多时候也将成为一种积极、有效的激励手段。

(3) 反思总结的功能

对话教学评价注重个体的参与。参与评价会对被评价者产生不同程度的压力，有助于调动其内在动机，促进其自觉的内省与反思，认真总结前期行为，并思考下一步计划，在不断的反思与总结中获得不断发展。

(4) 记录成长的功能

对话教学评价倡导多样化的评价内容，以及灵活使用不同的评价方法和手段，尤其重视质性评价方法，这对于以发展的眼光来客观评价个体的发展具有深远的意义，同时也是对话教学评价中注重过程这一核心特点的具体体现。

(5) 积极导向的功能

这是评价的基本功能之一。对话教学评价将评价看作是一个与教学过程同等重要的过程，并且重视在评价具体的实施过程中，把评价的新理念有机渗透到课堂教学改革的其他各个环节。

表 5.1　对话教学评价的理念与思路[①]

| | |
|---|---|
| 学习和评价的观点 | ·关注学习过程<br>·积极的意义建构<br>·整体和跨学科评价<br>·注重了元认知（自我监控和学会学习的技能）和认知技能（动机和别的影响学习和成功的因素）<br>·注重知识和技能的应用 |
| 评价过程和工具 | 从纸笔测验到真实性评价<br>·与学生有关的、有意义的问题；<br>·强调复杂技能；<br>·情境化的问题；<br>·不止一个正确答案；<br>·事先知道的公正的标准；<br>·个人化的步伐和进度。<br><br>成长记录袋：从一次性评价到定期取样<br>·作为教师评价的基础<br>·作为学生自我评价的基础；<br>·作为其他人（如父母等）评价的基础。<br><br>从单一评价到多维度评价<br>·认识到学生的多种能力与才能；<br>·逐渐认识到学生的潜力；<br>·给予学生发展和展示各种能力的机会。<br>从近乎只强调个人评价到小组评价<br>·群体合作技能；<br>·合作结果。 |

---

[①] 引自 Ellen Weber 著，国家基础教育课程改革"促进教师发展与学生成长的评价研究"项目组译：《有效的学生评价》，中国轻工业出版社 2003 年版，第 13~14 页。略有修改。

## （二）对话教学评价的内容

### 1. 对话教学评价的指标与标准的含义

指标、标准与准则[①]是教育评价学中的三个重要概念，三者之间既有联系也有区别。但在已有的诸多研究文献中，模糊、滥用这三个概念的现象比比皆是。鉴于此，在探讨对话教学评价指标体系之前，有必要对准则、指标与标准三个概念作一区分。

准则是对评价活动内容或方面质的规定（即对被评属性的规定）。它是评价方案的核心部分，规定评价活动评什么，不评什么。目前，在教育评价中，评价的准则通常有两种形式：其一为指标体系；其二为概括性问题。从评价学的观点来看，指标是一种具体的、可测量的、行为化的评价准则，是根据可测或可观察的要求而确定的评价内容。简单地说，指标是一种具体化、现象化的准则。概括性问题与指标是两种不同形式的准则，但这两种不同形式的准则是有一定联系的。一般地，可以把指标看作是概括性问题的分解和具体化、行为化；概括性问题则是指标体系的概括和抽象。在评价学中，标准这个概念通常可以有两种认识：其一指事物质变的临界点，事物质变过程中量的规定性。通俗地说，它指"要求、优良或完成的程度或水平"。因而标准表示达到什么程度才是合乎要求的，或者能被称得上是优良的。其二为标准物即测量的量表、尺度。如果说，准则系统是目标质的规定，那么，标准则是目标量的规定，它表明在什么程度上才算是达到了目标。

由上文对"指标"的界定看出，评价指标是衡量事物的角度或维度。评价指标的确定是以评价对象的属性和特征为依据的。它不同于标准，只是对评价对象所做的一种结构性分解，不蕴含定性或褒贬。比如：一级指标可以是"教师的教学设计"，但不能是"教师对话教学设计良好"；二级指标可以是"学生参与对话教学的态度"，但不能是"学

---

[①] 关于这三个概念的区分请参见陈玉琨：《教育评价学》，人民教育出版社1999年版，第34~45页。

生参与对话教学态度认真"。定性、分等属于评价标准的范畴。

评价标准是衡量事物的准则,是对评价指标所指定的评价项目进行定性、分等的具体规定。它集中地反映了人们对教育活动的价值认识,因此,评价标准的确定是以价值主体的需要为根据的。所谓评价主体,就是评价对象的价值体现者。因为对话教学是为学生的发展服务的,对话教学的价值是体现在学生身上的,所以学生就是对话教学的价值主体,学生发展的需要就是确定评价标准的根据。从这个认识出发,在对评价标准进行表述时,必须把学生放在核心地位。例如:"对话教学目标设计"为一项二级评价指标,其评价标准应是:教学目标清晰、具体;针对学生实际;考虑学生发展可能。

### 2. 对话教学评价的指标和标准

#### (1) 对话教学设计的评价指标和标准

对话教学是以人为目的的教学,注重师生之间的民主与平等、沟通与合作、互动与交往以及教学的创造与生成,但并不主张教师和学生在课堂上信马由缰式地展开教学,而是要求有教学方案的设计,并在教学方案的设计中就为学生的主动参与留下时间与空间,为教学过程的动态生成创造条件。

对话教学设计的评价通常包括教学目标设计的评价、教学内容设计的评价和教学过程设计的评价三部分。

①教学目标设计的评价——在教学方案中,要设定教学目标,但目标不局限于认知,它还涉及到学生在这节课中可能达到的其他目标。目标的设定要建立在对教学内容和学生状态分析、对可能的期望发展分析的基础上。目标有"弹性区间"[①],这既是为了顾及学生之间的差异性,也考虑到期望目标与实际结果之间可能出现的差异。

②教学内容设计的评价——重视教学内容与学生现实生活的联系,适合学生的发展现状与需求。教学内容要体现与人类生活世界的沟通,体现与学生经验世界、成人需要的沟通,体现与发现、发展知识的人和历史的沟通。此外,还要认真分析本学科对于学生而言独特的发展价值,而不是首先把握这节课的知识重点和难点。具体地讲,每个学科对

---

① 叶澜:《重建课堂教学价值观》,载《教育研究》2002年第5期。

学生的发展价值，除了一个领域的知识以外，从更深的层次看，至少还可以为学生认识、阐述、感受、体悟、改变这个自己生活在其中并与其不断互动着的、丰富多彩的世界和形成、实现自己的意愿，提供不同的路径和独特的视角，发现的方法和思维的策略，特有的运算符号和逻辑；提供一种惟有在这个学科的学习中才可能获得的经历和体验；提升独特的学科美的发现、欣赏和表达能力。

③教学过程设计的评价——重在由何开始、如何推进、如何转折等的全程关联式策划。过程的设计也要有"弹性区间"，可以通过不同的作业、练习、活动来体现。此外，过程设计还要策划教学进行中的教师活动，相应的学生活动，组织活动形式与方法，活动效果的预测和期望效果的假设，师生间的互动方案等一系列方面，最后形成综合的、富有弹性的教学方案。

表5.2 对话教学设计评价表[①]

| 评价指标 | 评价标准 | 评价等级 ||||
|---|---|---|---|---|---|
| | | 优 | 良 | 中 | 差 |
| 教学目标设计 | 1. 教学目标清晰具体 | | | | |
| | 2. 针对学生实际状态 | | | | |
| | 3. 考虑学生发展可能 | | | | |
| 教学内容设计 | 1. 体现与人类生活世界沟通 | | | | |
| | 2. 体现与学生经验世界、成人需要沟通 | | | | |
| | 3. 体现与发现、发展知识的人和历史沟通 | | | | |
| | 4. 体现学科的育人价值 | | | | |
| 教学过程设计 | 1. 师生双方对话形式多样 | | | | |
| | 2. 考虑双方对话有效性 | | | | |
| | 3. 开放设计有度有弹性 | | | | |

**(2) 学生参与对话教学的评价指标和标准**

对话教学主张教师和学生具有对话心态，坚持对话原则，变教师传授知识、学生接受知识为师生、生生互动交流，在对话与合作中学

---

[①] 该评价表的设计参照叶澜、吴亚萍：《改革课堂教学与课堂教学评价改革——"新基础教育"课堂教学改革的理论与实践探索之三》，载《教育研究》2003年第8期；叶澜主编：《"新基础教育"发展性研究报告集》，中国轻工业出版社2004年版，第57页。

习。① 那么在对话教学实施过程中，学生主动参与学习就是对话教学评价的一个重要方面。具体来说，可以考虑以下几个方面的评价指标：

①参与状态。主要指学生参与对话教学的兴趣和情感投入程度。

②参与时间。评价内容包括学生参与言语对话的时间和非言语对话的时间。

③参与广度。评价内容主要包括面上的参与对话的学生总数以及个别学习有困难的学生参与对话的情况。

④参与方式。评价内容主要包括参与方式的多样性和灵活性。

⑤参与质量。主要考察对话教学是否体现对话的精神和原则，在对话过程中是否有新的资源生成。

表5.3 学生参与对话教学评价表②

| 评价指标 | 评价标准 | 评价等级 ||||
| --- | --- | --- | --- | --- | --- |
|  |  | 优 | 良 | 中 | 差 |
| 参与状态 | 1. 学习兴趣浓厚，热情高涨 |  |  |  |  |
|  | 2. 师生之间民主、平等，情感双向交流 |  |  |  |  |
|  | 3. 生生之间积极合作，主动交流 |  |  |  |  |
| 参与时间 | 1. 学生参与对话时间不少于1/3 |  |  |  |  |
|  | 2. 师生有进行情感和思维对话的时间和空间 |  |  |  |  |
| 参与广度 | 1. 参与对话的学生达2/3以上 |  |  |  |  |
|  | 2. 学习有困难的学生能参与对话 |  |  |  |  |
|  | 3. 学生在小组活动中的参与率达95%以上 |  |  |  |  |
| 参与方式 | 1. 参与对话方式多样 |  |  |  |  |
|  | 2. 参与对话方式灵活，与教学内容有机整合 |  |  |  |  |
| 参与质量 | 1. 师生、生生就教学内容进行平等交流、真诚沟通 |  |  |  |  |
|  | 2. 教师积极倾听学生，对学生的反馈及时有效 |  |  |  |  |
|  | 3. 学生善于倾听、理解他人发言，并能及时抓住要点 |  |  |  |  |
|  | 4. 师生、生生在互动过程中有资源生成 |  |  |  |  |

---

① 刘庆昌：《对话教学初论》，载《教育研究》2001年第11期。
② 本表的设计参照唐晓杰等编著：《课堂教学评价与学习成效评价》，第76~77页。

### (3) 基于对话精神的教师教学的评价指标和标准

基于对话精神的教师教学的评价，就是要建立促进教师不断提高的评价体系。强调教师对自己教学行为的分析与反思，建立以教师自评、校长、教师、学生、家长共同参与的评价制度，使教师从多种渠道获得信息，不断提高教学水平。教师不仅是课程实施的组织者、促进者，也是课程的开发者和研究者。课程实施的过程，也是教师研究和开发课程、进行富有创造性活动的过程。因此，教师的教学应是富有创造性的活动，其创造性发挥的基础是全面了解学生、研究学生，并在此基础上设计教学目标、选择课程资源、组织教学活动。为了达到这一要求，一方面，教师需要不断提高自己的素养和专业水平；另一方面，需要建立促进教师发展的教学评价体系，而确定评价内容和评价标准是其重要的环节之一。

表 5.4　基于对话精神的教师教学的评价内容和评价标准[①]

| 评价指标 | 评价标准 |
| --- | --- |
| 教学目标：<br>　　教师要把学生培养成具有对话精神的学习者。 | ·尊重学生的各种不同见解、技能和经验。<br>·提供机会，使学生有权决定应该做什么和选择学习环境。<br>·培养学生之间的协作精神。<br>·重点培养学生批判性思维以及独立思考的能力。 |
| 教学设计：<br>　　教师要为学生设计合理的教学方案。 | ·为学生制订一个包含年度目标和短期目标的计划。<br>·要针对学习内容修改与设计课程，使之适合于学生的经历、兴趣、知识水平、理解力和其他能力。<br>·选择教学和评价方案，以提高学生对知识的理解，把学校变成学生积极参与学习的场所。 |
| 管理学习环境：<br>　　教师要营造和管理好学习环境，为学生学习提供必要的时间、空间和资源。 | ·要安排好可以利用的时间，使学生们有机会参加扩展性研究。<br>·要创造一种灵活的、有助于学生学习的环境。<br>·要确保学习环境的安全性。<br>·要使可以利用的设备、学习教材、视听媒体能够为学生所利用。<br>·要能鉴别和利用校外的学习资源。<br>·要使学生参与学习环境的设计。 |

---

[①] 具体内容请参见钟启泉、崔允漷、张华主编：《为了中华民族的复兴，为了每位学生的发展——〈基础教育课程改革纲要（试行）〉解读》，第318~322页。略有修改。

| 促进教学：教师要学会引导学习，会将学习活动化难为易。 | ·要组织好学生围绕学习问题进行讨论。<br>·要设法使学生认识到担负起他们在学习中所应担负起的那份责任。<br>·要认识到学生间存在的巨大差异，并能采取相应的做法和措施，鼓励全体学生人人都充分参与到学习之中。<br>·要利用学生的数据、有关人员对教学工作的评议，以及与同事间进行的交流，总结和改进教学。 |
| --- | --- |
| 对学习的评价：教师要参与对自己的教学及学生的学习所进行的评价。 | ·使用多种方法，系统地收集关于学生的理解与其他能力的数据。<br>·要分析评价数据，指导教学。<br>·要指导学生进行自我评价。<br>·要向学生、教师、家长、决策人员，以及广大公众报告学生的学习过程和学习效果。 |

### 3．确立评价指标应注意的问题

**(1) 指标的导向性**

指标体系对评价后的教学工作有导向作用，教学评价中评什么，教师就会注意抓什么。所以，对话教学所提倡的都应列入评估指标中去，但评价指标一定要把握教学的重要环节，切不可偏颇。

**(2) 指标的明确性**

指标不能具有双重含义或产生歧义。对于在理解上可能会有问题的指标，必须作出明确的定义和解释。

**(3) 指标的可操作性**

指标规定的内容可以通过实际观察加以直接测量以获得明确结论。换句话说，制订指标时，要把抽象的评价目标具体化。

**(4) 指标的可接受性**

指标的可接受性包含两层意思：一是符合教师和学生的实际水平，从实际出发提出的指标才是可接受的；二是按指标进行评价是可行的，无论是从信息资料、人力物力，还是从定量、定性评价技术方法上都是可行的。

**(5) 指标的可测性**

指标内容必须是看得见、摸得着的。课堂教学包含的因素较多，为了尽可能做到指标体系内涵全面而又简单易于操作，应允许部分指标的模糊性。但这些指标的模糊程度不应超过评价者可判断的范围，如"教学内容难度、深度适宜"、"教学进度合理"这样的指标都具有一定的模糊性，教学内容的难度深度怎样才算适宜，这对于评价的主体中的主体——学生来说是难于判定的。可测性要求首先，每一评价项目只包含一个评价内容，比如"教学内容丰富，教学形式多样"这样的评价指标，评价者就不易确定是评价教学内容还是教学形式。其次，被评价的指标应该能通过努力，加以改进。

在设计评价指标时，除了注意以上五方面的问题外，还应处理好以下方面的关系：[1]

**(1) 指标的完备性与独立性的关系**

只有具备了整体完备性的指标才能全面地、毫无遗漏地再现与反映教育目标，但是，如果指标不具备独立性，即与指标体系中的其他指标重复或重叠，结果造成该指标重复评分，客观上加大了它的权重，从而影响了整个评价工作的科学性。再者，过多的指标可能使参评者产生厌烦心理，应付了事，这会降低教学评价的准确性。在指标体系设计的过程中，应尽量减少指标之间的相关性，用集合的语言来说，即两个指标的交集最好是空的。总之，指标的独立性与完备性，是科学的指标体系的两个重要品质，切不可顾此失彼。

**(2) 指标的全面性与可操作性的关系**

评价指标的全面性是指在评价指标中不宜过分地突出某个项目，以偏概全。但与此同时，制订出来的评价指标还应具有操作性。评价指标体系不宜太庞大，各指标不能有相互重叠或存在因果的关系。建立评价指标体系时，若不能做到这两点，则评价一堂课时，不仅难以掌握评价，而且难以看清问题之所在和改进的关键之所在。总之，不能因为评价指标的全面性而失去可操作性。

**(3) 评价个体与评价总体的关系**

重总体轻个体一直是传统课堂教学评价普遍存在的问题，这与传统课堂教学强调教师的"教"是分不开的。而对话教学评价在注重教师教的同时，更注重学生的学，并且强调以学生的学来体现教师的教，注重培养学生的自学能力与学生个性的发挥，因此在建立评价指标时，也要

---

[1] 陈兴桂：《建立建构主义课堂教学评价标准的几点探讨》，载《温州师范学院学报》（哲学社会科学版）2000年第2期。

强调对学生个体的学习过程进行评价，了解其能力水平、学习状态、认知程度等，以便使教师更有针对性地帮助学生，指导学生，并设计出更适合于发挥学生个性的学习环境，做到因材施教。而对于学生自己来说，则可以发现自己在学习过程中的不足之处，以便更直接、更准确地改进这些不足之处。当然，在注重评价个体的同时，也不能忽视评价总体。

> **案例5.1**
> **高质量的评价模式应满足的10个关键条件**
>
> （1）评价必须与教学目标一致。
> （2）评价应该包括对学习过程和结果的测查。
> （3）表现性活动不是评价本身。
> （4）认知学习理论及其知识习得的建构方法都认为，应该将评价方法与教学结果、课程内容整合在一起。
> （5）学生学习的整合和活动观要求评价综合化和复杂化。
> （6）评价方案的设计取决于评价目的，用于评分和监控学生进步的方案与用于诊断和提高的方案之间存在一定的区别。
> （7）一次有效评价的关键是任务和预期的学生学习结果间的匹配。
> （8）评价学生表现的标准很重要，没有了标准评价仍将是独立的、插曲式的活动。
> （9）良好的评价能够为学生的学习情况提供大量的反馈信息，教师可以根据这些信息做出决策。
> （10）最能反馈学生情况的评价系统包括过去一直使用的多种方法。[1]

## （三）对话教学评价的实施

为了保证对话教学评价的有力、有效地实施，需要做好以下方面的

---

[1] Ellen Weber 著，国家基础教育课程改革"促进教师发展与学生成长的评价研究"项目组译：《有效的学生评价》，第10页。

工作：第一，要构建评价共同体；第二，要依据不同的评价主体制订和选择适宜的评价工具；第三，要对评价搜集来的信息和数据进行处理和分析。

## 1. 评价共同体的构建

评价共同体是与评价个体相对而言。由于对话教学评价的一个特点是评价主体的多元化，即由原来的教师和教育管理者扩展到学生、家长以及社区人员。因此，在实施评价之前，确定评价共同体的成员就显得尤为重要。一般来说，评价共同体的主要组成人员是在校的教师、学生和管理者，以及校外的学生家长和其他一些关心教育的社会人员。这是一个大的共同体。此外，在学校内部还存在一种小的共同体，它主要是由教师组成的，是教师为了就某些评价目标和标准达成一致而形成的共同体。在对话教学评价中，由于对话教学评价体系的人性化、评价工具的多样化和评价过程的开放性，以及评价参与者的多元化等特征，决定了对话教学评价共同体将发挥重要的作用。一般而言，评价共同体具有如下作用：

①使得校内的教师群体在共同参与的评价活动中逐渐达成了对对话教学目标的一致性理解，并在追求目标时形成了评价的一致性程序和过程。

②由于家长纳入了共同体，作为教育利益人的家长可以真正明了自己子女的实际学习水平，以作出正确的教育决定。

③进入评价共同体的社区人员将会带来新的评价理念和技术，他们会以非教育的视角来审视评价，常常会给学校评价者很多启示。

④将学生纳入共同体使得学生在评价中意识到自己的主体地位，改变了以往被动反应以及不能对评价过程提出任何疑问的状况。在评价中，教师应该鼓励学生进行自我评价。而共同体可以使得学生在对自己负责的前提下对自己的学习进行反思。

为了使评价共同体切实发挥其应有的作用，在评价实施前需要注意以下两点：第一，需要明确共同体的组成及成员的职责；第二，使成员明确评价的内容。如教师在对话教学课堂评价中组成评价小组，那么共同体的成员可以是任课教师、学生以及学生小组，或者是任课教师、学生、学生小组、学生家长和其他教师。评价小组成员的职责是合作学习、相互评价和自我反思。此外，在评价开始之前，还应召开相关会议，使小组成员明了评价的内容，熟悉相应的评价工具。

表5.5 评价共同体与评价个体的比较[1]

|  | 评价共同体（共享、合作） | 评价个体（各自为政） |
| --- | --- | --- |
| 评价工具和评价过程 | ·评分细则——达成共识<br>·档案袋——积极运用<br>·案例材料——为教师拥有，是学校及上级教育主管机构提供材料的组合<br>·评价过程——集中规划好的，包含不同的评价模式，评价寓于教与学之中，注重过程<br>·有评价的共同语言<br>·评价者对评价过程的反思 | ·评分细则—很少或没有达成共识<br>·档案袋——自行选择使用<br>·案例材料——不是由上级教育主观机构提供而是由不同教师所开发<br>·评价过程——评价作为教学的点缀<br>·对评价术语的困惑<br>·评价者很少或没有对评价作出反思 |
| 参与人员 | 学校管理人员、任课教师、学生、家长及其他教师 | 单个的教师 |
| 价值体系 | 评价被认为是教与学所必需的、不可或缺的一个组成部分；通过彼此之间的合作使得评价充满意义 | 评价被认为是强加给教师的一种负担，是毫无意义的 |

## 2. 评价工具的制订和选择

由于对话教学评价组成人员是多元的，所以对于不同的评价主体，应该依据评价的目标，相应地制订和选择不同的评价工具。下面所阐述的主要是作为评价共同体中的教师、学生以及小组在实施评价时所应选择的评价工具。

**(1) 教师实施的评价**[2]

教师实施的评价主要包括三种：一是教师同伴的评价；二是教师自我评价；三是教师对学生学习与发展的评价。

第一，教师同伴的评价。这主要是通过教学观摩进行的评价。一般

---

[1] 钟启泉、崔允漷、吴刚平主编，朱慕菊主审：《普通高中新课程方案导读》，华东师大出版社2003年版，第163页。

[2] 以下部分内容引自林一钢：《校本课程方案评价研究》，华东师范大学2003届硕士毕业论文。

地,同伴教师教学观摩需要经历三个阶段:召开教学观摩预备会议、进行课堂观摩、课后讨论与交流。

在预备会议中要确定观察的重点、选择观察方法,使观察双方达成理解、实现人际沟通。评价者可以事先有针对性地确定观察项目,如:

①学生与教师之间的相互交流占多少时间?

②学生与学生之间的相互交流占多少时间?

③教师是否允许学生发表自己的想法?

④讲授、全班讨论、小组讨论、个人作业等各占多少时间?

⑤哪些课程活动是由学生决定的?

⑥学生是如何配合教师的?

⑦学生之间是如何互相合作、帮助的?

在观摩期间,要根据预备会议中商议达成的观察要求,有针对性地收集信息。观察活动可针对学生或教师,综合地观察或突出地观察某一方面。

在课后讨论与交流中,要求双方都对课堂教学进行思考,由观摩者提供事先确定的有针对性的观察结果,肯定成绩,指出需要改进的地方,并讨论下一轮观察和评估需要注意和改进的地方。评价不应该是批判性的,而是建设性的。评价者要与教师一起讨论并确定改进要点,制订改进计划。通常改进计划要求:第一,用清楚、简练的术语来描述改进的要点;第二,改进要点要有针对性,而不是空泛地议论;第三,为改进工作提供相应的目标和方法。例如:某位同伴教师进行课堂观察后提出的一些建议:

谢谢你邀请我参加你的教学活动。你看重我,想得到我的意见,对我来说是一次真正的赞赏。我认为课堂中讲述的部分很好,学生看起来做了很多笔记,没有任何学生有打瞌睡的现象。在小组任务学习中,看到学生们正在做的事情,我产生了一种似曾相识的感受。上个月,我让学生进行一次活动,我认为活动很浅显易懂,无需太多的时间,后来我才发现,学生们根本没有理解我事先的介绍,他们花了好多时间来弄明白我的意图,结果呢,最后就没有充足的时间进行正常的任务学习。从此,我在把学生分为小组之前,先发给学生一张学习任务分类指导,说明各个小组将要完成的任务,然后在活动进行之前再重复一遍这些指导。我还凭经验估计活动应该需要多长时间,并且在活动中将分给学生以两倍的时间。毕竟是我设计的学习任务，我肯定可以明白这些学习任务的逻辑性，但是学生们可能需要更长时间来搞清楚我要他们去做什么。在学生活动进行中，我有几次检查，看看他们的任务完成得是否比我预想的要快些。就像我在上个月所碰到的那样，在小组任务学习中，一些学生的脸上表现出了同样的困惑，所以，你可能犯了和我相同的错误。我想如果你用了我所使用的一些方法，事情会是怎样的呢？请告诉我你的感受。[1]

在对教师提出工作改进意见时，应该在了解教师的个人发展需求、尊重教师个性和个人价值的前提下，和教师一起分析其教学设计与实施过程中存在的问题。倡导教师互相积极参与课堂观摩，在民主、开放、和谐、尊重的氛围中，通过多元主体间的评价和主体自我评价的方式，促进教学的不断改进，教师专业的不断发展和提高。

表5.6　对话教学评价课堂观察用表[2]

任课教师＿＿＿＿　课程名称＿＿＿＿　日　期＿＿＿＿

| 评估项目 | 具 体 内 容 | 表 现 描 述 |
| --- | --- | --- |
| 准备情况 | ·教学资源准备情况<br>·学生学习准备情况 |  |
| 教学内容 | ·内容范围和难度符合学生的需要和水平<br>·灵活处理课程内容 |  |
| 组织方式 | ·教学方法富有启发性，适合学生特点<br>·讲述、提问、讨论等方式安排合理<br>·教学手段运用得当<br>·教学活动自然、流畅 |  |
| 评价活动 | ·体现对话教学的理念<br>·评价及时、有效 |  |

[1] Stephen D. Brookfield 著，张伟译：《批判反思型教师ABC》，中国轻工出版社2002年版，第108页（题目为编者加——编者注）。

[2] 转引自林一钢，《校本课程方案评价研究》，华东师范大学2003届硕士毕业论文（内容有所改编——编者注）。

| 课堂气氛 | ·学生积极有效地参与<br>·现场气氛活跃、和谐<br>·师生之间有充分、有效的交往 | |
|---|---|---|
| 实施效果 | ·理解掌握基础知识与基本技能<br>·经历与体验学习过程与方法<br>·表现出积极的情感与态度 | |
| 总体印象 | | |

第二，教师自我评价。因为对话教学评价具有过程性、开放性、生成性的特点，因此，就教师对自我设计或实施的对话教学评价而言，结合档案袋进行自我反思性的评价，是较为贴切的方法。"教师档案袋通常是围绕着教学来组织设计的，它包括了课程的设计和实施、学生为中心的教学、学生的发展、策略的选择、评价实践、课堂管理的进程及以教师专业发展的机会等内容。因此，显然地，一个教师档案袋应该主要地包括课的设计、课堂的进程和管理计划、试卷样品、学生的作品、专业会议材料以及与学生家长联系的记录等。这些材料都必须要有教师自己的反思性记录。"[1]

此外，为了更好地发挥档案袋评价的作用和功能，在运用时应注意以下几个原则：①档案袋评价的目标明确，与教学相结合；②明确需要收集信息的范围；③档案袋评价应与其他评价方法并存使用；④档案袋评价应采用渐进式、引导式、循序渐进；⑤档案袋评价应实施多次、阶段性的反思与协助；⑥在收集信息的过程中关注与学生的交流与沟通；⑦档案袋评价应顾及教师可利用的资源。[2] 此外，档案袋评价应持续整个对话教学的过程。

第三，教师对学生的评价。在对学生进行评价时，教师最常用的手段是观察和提问。

①观察——由于我国中小学班级中学生人数较多，教师不可能过多观察某一位学生，因此，在实际评价中教师往往只观察某位学生一次就对其某些方面形成结论。面对这种状况，我们建议教师在当堂观察之外加入参照观察，所谓参照观察是指教师以前对同一位学生同一方面的观

---

[1] A.A.Bullock& P.P.Hawk, Developing A Teaching Portfolio: A Guide For Pre-service And Practicing Teachers, Upper Saddle River.p22.

[2] 黄光扬主编：《教育测量与评价》，华东师大出版社2002年版，第216页。略有修改。

对　话　教　学

察。例如：

当堂观察：李霞在小组讨论中总是保持沉默，参与度不够。

参照观察：在先前外教组织的口语一对一对话活动中，她的口语也是结结巴巴的。

可能性结论：李霞的英语口语表达力不够。

教育性决策：以后在课堂上多给予她表达机会，并鼓励其在课下进行针对性训练。[①]

②问题和提问——问题是对话教学的核心，一方面，师生围绕问题进行对话，层层深入，使问题衍生为知识表征或新的问题，而问题同时又成为师生关系的中介和对话体系的桥梁；另一方面，问题的迎刃而解又以师生间的适应与合作为基点。对话教学发端于问题，推进于问题，归属于问题。恰如建构主义教学方法——抛锚式教学那样，把问题的提出比喻成"抛锚"。一旦问题确定了，教学内容和进程也就被确定。

提问是对话教学的基本方式。对话教学是在平等基础上的师生互动，同时，教师是平等中的首席者，在交往中要有一定的预见性，教师的作用表现在对教育资料的选择加工上以及对所选择的教育内容进行激活，使它为学生所喜闻乐见，诱导学生参与其中。[②] 尽管在目前课堂教学中教师提问频繁地发生，但很多教师对提问的类型、方式、对象和节奏等缺乏良好的设计，从而大大降低了提问的有效性。经过观察研究的反馈结果，可以促使教师有意识地对自己提问的水平、技能、技巧等进行调整，从而提高提问的有效性。合作研究的教师可以通过以下观察工具对提问的状况进行研究。

**案例5.2**

**良好提问技巧的必备因素**

（1）从知到不知的探索。如果学生把现有的观点或内容与先前的知识、经验联系起来，他们就可以将其中的相关知识整合起来作出推论。

---

① 钟启泉、崔允漷、吴刚平主编，朱慕菊主审：《普通高中新课程方案导读》，第172页。
② 瞿葆奎主编、郑金洲副主编：《中国教育研究新进展·2002》，华东师大出版社2003年版，第48页。

(2) 当学生答不出某个问题时，可以略过去，接着进行下一个问题，或者提供线索引出正确答案。提问不是为了显示个体不知道什么，而是为了挖掘个体知道什么。

(3) 当学生回答得过于简短时，可以请其他人接着回答。在此期间，不要急着说出答案，或者讲授与所提问的问题有关的东西。

(4) 采用各种提问技巧，可以运用幽默（特别是自嘲，可以帮助学生获得自信）、竞赛和模拟访问的方式。

(5) 通过图解、图表、图例、布告栏等形式使问题形象化。先提出问题，然后再叫某个学生回答，这样，所有的学生都会思考问题，而不只是被提问的人自己思考。

(6) 准确表达问题，但不要使用术语。问题要包括你想要评价的所有内容，同时还要体现不同的思维水平。低水平的问题可能要求叙述事实或描绘特征，高水平的问题则需要学生做出判断或将内容应用于实际。①

**(2) 学生及小组实施的评价**

学生以及小组实施的评价实际上包括两种。首先是学生对教师教学的评价，这种评价可采用的工具有：

①学生便条。在教学过程中，学生就教师的提问形成书面回答，并立即反馈给教师。教师可以借此评价学生的参与度。

②电子邮件反馈。学生通过电子邮件以不记名的形式对教师在课堂上的提问做出回答，这是一种简单而迅捷的沟通方式。

③教师设计的反馈表。教师提供给学生包括多项选择、列表、简答等形式在内的反馈表格，通过收集学生的反馈来分析及控制教学进度。

④随堂记录卡。提供了一个极好的展示学生进步的手段，因为他们能够及时地、具体地评价学生。随堂记录卡可以作为学生离开教室时的通行证，在学生离开教师之前，他们必须填写随堂记录卡。记录卡中有一些非常具体的问题，可以提供对课堂内容的多方面反馈，可以据此评价学生对课堂的喜好和参与。

---

① Ellen Weber 著，国家基础教育课程改革"促进教师发展与学生成长的评价研究"项目组译：《有效的学生评价》，第200页。

另一种是学生对自己学习和进步的自评与互评。当学生学会反思他们的个人成就时,他们就学会了在他们的能力和限度内进行学习。因此,学生对自己和同伴学习的反思,应当成为他们常规要求的重要部分。① 学生将评价内容制作成表格,然后,依据表格和自己的实际表现为自我作出评价。此外,在小组的合作学习中,学生需要依据表格对同伴作出评价。

---

**案例 5.3**

**随堂记录卡②**

姓　名:＿＿＿＿＿＿　　　日　期:＿＿＿＿＿＿

主　题:＿＿＿＿＿＿

· 我对于这节课的看法是:

· 对于这节课,我喜欢的是:

· 我参与最多的时候是:

· 我参与最少的时候是:

· 我想做一些变动包括:

一个能显示学生对课程概念的理解的随堂记录卡可能会问:

· 我将＿＿＿＿＿＿定义为:

· 关于＿＿＿＿＿＿我所知道的一件事情是:

· 关于＿＿＿＿＿＿我希望知道的一件事情是:

· 关于＿＿＿＿＿＿我认为要求我们知道的一件事情是:

· 关于＿＿＿＿＿＿我仍然存在的问题是:

---

## 3. 评价结果的处理

对话教学评价的结果应该是评价共同体的评价结果的综合。在评价活动结束以后,最好能在近期内对所收集的资料加以整理和分析,以免事过境迁发生偏差。通过各种评价工具所搜集的资料,一般有定性和定量两种。两种资料分析的方式尽管不一样,但目的都是通过对所评价内

---

① 钟启泉、崔允漷、张华主编:《为了中华民族的复兴,为了每位学生的发展——〈基础教育课程改革纲要(试行)〉解读》,第 238 页。

② Ellen Weber 著,国家基础教育课程改革"促进教师发展与学生成长的评价研究"项目组译:《有效的学生评价》,第 100 页。

容进行系统分析，来揭示师生对话教学行为之间的相互联系。资料分析是一项复杂而重要的工作。它关系到对原始资料的有效利用和对结果的准确解释。通过对资料的分析和整理，研究者就自然获得了从系统的资料中归纳推论出的研究结论。最后的研究结论可以是研究报告或论文的形式呈现。需要指出的是，对话教学评价的最终目的不是为了写成研究报告或论文并发表，也不只是为了证明、填补或构建某种理论，更重要的是为了促进教学，获得教育质量的提高；是为了提高自我，获得学校、教师和学生的发展。所以，一旦有了研究结果，首先应给教师提供及时反馈，促进其尽快改进教学。

## 附　录：一份对话教学的评价问卷[①]

课程评价方式：

　　课程_____　教师_____　学期_____

　　这种方式是用来帮助教师更好地理解自己是如何帮助你学习以及他们如何改进自己教学的。尽可能回答下面每一个问题，不用填写自己的姓名。

请完成下面的陈述：

1. 本课程对我学习帮助最大的是……
2. 本课程对我学习阻碍最大的是……
3. 本课程中使我对自己的学习产生责任感的最大帮助是……
4. 本课程中阻止我对自己的学习负责的最大障碍是……
5. 本节课告诉我作为一个学生最需要努力发展的方面是……

请在你所选的答案上划圈，并且写出自己的个人意见：

6. 我发现本门课经常/有时/几乎没有（圈出一个）运用不同的教学方法，你对使用的教学方法如何评价？
7. 我发现在本门课上教师连续/偶尔/几乎不（圈出一个）回答学生的问题。你对于这样的一种反应水平有何感想？
8. 我发现本门课的教师经常/偶尔/几乎不（圈出一个）努力使学生参

---

[①] 引自 Stephen D. Brookfield, Stephen Preskill 著，罗静、褚保堂译：《讨论式教学法》，第267~268页。可供对话教学评价参照。

与讨论。你对学生在本节课上的参与量有何感想？

9. 我发现在本门课上我定期的/偶尔/几乎没有（圈出一个）接收到关于自己学习情况的信息，你如何评价你接收到的关于你学习情况信息的频数和质量？

10. 我发现在本门课经常/偶尔/几乎没有（圈出一个）表现出民主习惯——每个人都有同等的时间发言，包容所有学生的声音，允许学生与教师有不同的意见。你对于这个班上的民主程度有何感想？

11. 我发现在本门课上，我经常/偶尔/几乎没有（圈出一个）面对各种各样的视角、观点、声音和意见。你对于在这个班上所面对的观点的多样性水平有何感想？

12. 在本门课上，教师在多大程度上掌握了关于讨论主体的知识？非常/一般/一点没有；在本门课上，教师很好的交流这些知识的能力有多强？非常/一般/一点没有；在本门课上，教师在多大程度上明白课程被组织成这样的原因？非常/一般/一点没有；在本门课上，教师尊重学生的程度有多高？非常/一般/一点没有。你对教师指导的有效性如何评价？

请完成下面的陈述：

13. 在本门课上，我最投入、最专心、最兴奋的时刻是……

14. 在本门课上，我最不投入、最漫不经心、最漠然的时刻是……

请回答下面的每一个问题：

15. 你如何评价自己作为一个学生在本门课上的经历？

16. 对于教师在今后的教学中如何教学，你最想提的建议是什么？

17. 作为一个学生，你曾经对一些题目没有作出回答。对于这一点，你是否有什么要说的？如果有，请写出来。

# 后　记

其实，对话与教学的联姻，并不是什么新鲜事。早在我国春秋时期，孔子就以"不愤不悱，不启不发"施教，促使弟子自主发问，领悟"礼乐"之道；在西方，古希腊时期的苏格拉底则以"产婆"自拟，通过不断诘问，帮助那些自以为有知、实却无知的人发现真知。这些都蕴涵着朴素的对话教学的种子。而在当下的教学实践中，人们经常提及的对话主要有两种：一种是存续在语言教学中的一种纯粹的语言学习方式，如英语会话练习等；另一种是课堂教学中师生之间的问答活动，即教学论著作中的"教学对话"。

但是，所有这些都难以称之为对话教学。因为它们都只是把对话作为一种方法或技术引入教学过程，或者说，仅仅注意到对话之于教学的"方法学"意义，而没有意识到对话之于教学的"目的论"意义。在对话教学中，对话不仅是一种教学方法，而且是教学目的本身；如同游戏一样，师生参与对话的目的不在对话的过程之外，而在对话的过程之中。概言之，对话教学是"为了对话"，"在对话中"，并"通过对话"的教学形态。这既是对话教学区别于一般教学对话的根本点，也是本书的一个基本立场。

在写作的过程中，我们发现，要始终坚持这样的立场，实际上面临着很多的困难。首先，作为一种新的教学形态，对话教学在理论与实践两方面，都处在探索的阶段，还没有一个成熟的范型可资参照。其次，在叙述上，如何区分和兼顾作为目的的对话与作为手段的对话，也是一个十分棘手的问题。再次，如何结合我国教学实际，面向中小学教师，探寻一条转化对话教学理念的实践道路，也是本书必须着力解决的一个重要问题。尽管这些问题都有一定的挑战性，但我们还是竭尽所能，勉力完成了这本小书。如果它能在某一点上有益于对话教学的发展，我们就十分欣慰了。

本书得以面世，首先应感谢我们的导师郑金洲教授。是他的信任，使我们有勇气承担本书的编写；是他的鞭策，使我们有信心完成本书的编写；是他的指导，使我们在写作的过程中少犯了错误、少走了弯路。

本书分为五个部分，分别由刘耀明（第一、二部分）、程亮（第三、四部分）、杨海燕（第五部分）负责编写。最后，由程亮完成全书统稿。

由于编写者学识水平有限，恐多有疏漏、谬误，恳请读者不吝指疏、匡谬。

编 者<br>2004年7月